CB139704

O livro da sabedoria do Oriente

Para mim
e para você...
Que sempre a cada dia,
possamos compreender a
vida, com o maior
entusiasmo do mundo.

Sua sempre,
eu....

O livro da sabedoria do Oriente

Organização
Gilbert Sinoué

Tradução
MARINA APPENZELLER

Revisão da tradução
ANDRÉA STAHEL M. DA SILVA

Martins Fontes
São Paulo 2006

Esta obra foi publicada originalmente em francês com o título
LE LIVRE DES SAGESSES D'ORIENT por Édition°1.
Copyright © Édition°1, 2000.
Copyright © 2005, Livraria Martins Fontes Editora Ltda.,
São Paulo, para a presente edição.

1ª edição *2006*

Tradução
MARINA APPENZELLER

Revisão da tradução
Andréa Stahel M. da Silva
Acompanhamento editorial
Luzia Aparecida dos Santos
Revisões gráficas
Andréa Stahel M. da Silva
Ana Maria de O. M. Barbosa
Dinarte Zorzanelli da Silva
Produção gráfica
Geraldo Alves
Paginação/Fotolitos
Studio 3 Desenvolvimento Editorial

Dados Internacionais de Catalogação na Publicação (CIP)
(Câmara Brasileira do Livro, SP, Brasil)

O Livro da sabedoria do Oriente / apresentado por Gilbert Sinoué ; tradução Marina Appenzeller ; revisão da tradução Andréa Stahel M. da Silva. – São Paulo : Martins Fontes, 2006.

Vários autores.
Título original: Le livre des sagesses d'Orient.
ISBN 85-336-2233-3

1. Filosofia oriental – Citações 2. Sabedoria – Citações I. Sinoué, Gilbert, 1947-.

05-8570 CDD-808.882

Índices para catálogo sistemático:
1. Sabedoria do Oriente : Citações : Coletâneas : Literatura 808.882

Todos os direitos desta edição para o Brasil reservados à
Livraria Martins Fontes Editora Ltda.
Rua Conselheiro Ramalho, 330 01325-000 São Paulo SP Brasil
Tel. (11) 3241.3677 Fax (11) 3101.1042
e-mail: info@martinsfontes.com.br http://www.martinsfontes.com.br

A Sabedoria não convoca?
A Inteligência não ergue a voz?
No cume das alturas que dominam a estrada, no cruzamento dos caminhos, ela posta-se; junto às portas, à entrada da cidade, nas vias de acesso, ela exclama: "Humanos! Chamo-vos, minha voz dirige-se aos filhos dos homens. Simples, aprendei a destreza, tolos, tornai-vos razoáveis! Ouvi, tenho coisas importantes a vos dizer, abro os lábios para dizer palavras sensatas."

Livro dos Provérbios, **VII, 1 a 6**

. Índice .

. I .

Ouvi, almas nobres, gente daqui e de outras partes. Eu, o mendigo, o errante, o esquecido pela fortuna, tenho a missão de transmitir-vos as palavras de nossos pais, os pensamentos esquecidos. Reuni-vos ao meu redor, aproximai-vos de mim, às portas da mesquita, no coração de Bagdá, a Cidade Redonda. Ouvi-me.

O que guardo comigo herdei da noite dos tempos, pois não tenho idade. A velhice e a morte – danações supremas – não têm nenhum poder sobre mim. Tenho mil anos. Tenho um dia. Nasci ontem, sou de amanhã.

Durante toda a minha longa existência, minha existência demasiado longa, conheci príncipes e pedintes, reis, rainhas, falsos vizires, senhores de verdade, adultos com alma de criança e crianças idosas. Meus olhos estão cheios de luz e de trevas.

Em vão busquei duas coisas impossíveis – o amor – até o desatino; a amizade, até a desilusão. Como borboleta ensandecida, meu coração ardeu cem vezes nas chamas desses sentimentos eternos. Durante minhas viagens, ao longo das planícies férteis e dos espaços desérticos, aprendi a esquecer, esqueci-me de aprender.

Hoje assemelho-me àquela criatura bizarra muito antiga, conhecida em todo o Oriente, meio louca, meio sensata, a quem apelidavam Medjdub. Exagerava sua demência quando tentavam considerá-lo sábio; voltava à lucidez quando zombavam de sua loucura. Certas noites era possível entrevê-lo vagando pelos labirintos de Bagdá, de Alepo ou do Cairo, balançando a cabeça como os dervixes, indiferente – era o que parecia – ao mundo que o cercava. Sou este aí.

Olhai-me.

Como ele, estou vestido de farrapos. Como ele, deambulo pelas cidades, a cabeça nas nuvens e o coração adormecido, ao mesmo tempo temido e desprezado.

Como ele, tenho acesso a mesas anônimas que queiram me acolher, pois toda criança que respeita a tradição islâmica deve compaixão aos pobres de espírito. Também como ele, tenho acesso à companhia das mulheres que gostam de rir de minhas sátiras e de minha impertinência. Mesmo os poderosos (para melhor troçar de minhas arengas) acolhem-me em seus palácios de ouro e de mármore.

E contudo estou só. Infinitamente.

Quantas vezes sulquei o oceano dos erros por tolice, naveguei sobre a sedução à noite, naufraguei pela manhã! Quantas vezes obedeci às paixões por pura leviandade! Orgulhei-me, rapinei, fingi.

Agora, quando a aurora ressurge das entranhas da Cidade Redonda, torno a me encontrar diante de mim mesmo. Nenhuma canção de amor, nenhuma voz amiga. Nada além do rumor do vento correndo pelas dunas enlanguescidas. Não há noites cálidas no inverno, não há mulheres para acariciar-me o rosto, nem mesmo um inimigo que me devolva o gosto pelo combate.

Perseguido pela vindita de Alá, a solidão é meu quinhão. Muitas vezes perguntei-me por quê. Por que eu? Por que essa tortura? Até o dia em que um anjo me confiou que o Altíssimo me condenara por vontade própria a vagar eternamente por eu ter percorrido cedo demais, depressa demais, as páginas do grande livro da juventude; por não ter sabido saborear o momento, por ter dilapidado as horas, por ter atravessado o mundo como um cachorro louco; por não ter conseguido pôr em prática os conselhos dos sábios.

Por isso, hoje, leitor, és meu último recurso.

Se pelo menos eu conseguisse convencer-te da riqueza dos pensamentos antigos, se conseguisse transmiti-los a ti para que tornassem tua vida menos insuportável, então, talvez, ó delícia! Veria o Todo-Poderoso pôr termo a meu exílio na terra. Só sob essa condição encontraria serenidade e repouso.

Aplaca tua sede na fonte das palavras. Isola-te dos tumultos da cidade. Pega esta taça de conselhos, bebe dela e dá com generosidade o que sobrar a quem tiver sede.

Deixa-me contudo esclarecer-te uma coisa. Em minha arenga, os pensadores do islamismo ocupam – como deve ser – um lugar predominante. Todavia, não são os únicos.

Um de meus pares, o persa al-Sadjâssi, escrevia há séculos: "Quando a sabedoria desceu dos andares do céu para o centro da terra, estabeleceu-se em quatro abrigos e instalou-se em quatro moradas: no cérebro dos gregos, na língua dos árabes, na mão dos chineses e no coração dos persas." Porém, ao escrever essas linhas, al-Sadjâssi cometia um erro deplorável. Ignorava os autores do Grande Livro, ou seja, a Torá e o Novo Testamento. Também esquecia os preceitos talmúdicos, tal como figuram no tratado dos Padres. Quanto a mim, não posso deixar de citar os autores inspirados pelo divino e que, como o Profeta – abençoado seja seu santo nome –, nasceram também no Oriente; quer se trate de Yeshua, que alguns chamam de Jesus, de Moisés, ou, ainda, de Soleiman, mais conhecido no Ocidente sob o nome de Salomão. Não te surpreendas portanto se aqui e ali as palavras deles surgirem no decorrer de meu discurso. Tais personagens são os astros eternos concebidos para iluminar este mundo coberto de trevas.

Para começar, vou falar-te do instante. Do instante e da vida.

O que há de mais precioso neste mundo do que o instante? Os segundos somados não formam o minuto, a hora, a vida?

Grão de areia, o instante cai inexoravelmente na ampulheta, e – inconscientes que somos – raros são aqueles dentre nós que sabem apreciar a sua fuga. Vivemos como se o instante fosse algo conquistado, ao passo que nada do que contém nos pertence. Trata-se de um empréstimo, nada além de um empréstimo que um dia teremos de devolver a quem nos emprestou. Ou seja, ao Todo-Poderoso. O instante é fugaz, de duração incerta. Assemelha-se ao raio de luz que, num piscar de olhos, atinge a onda e salpica o azul. Ele é a vida. Desfrutá-lo é uma das chaves da felicidade. Impregnar-se dele, respirar seus menores eflúvios é a arte que os filósofos e os sábios nos ensinam. Tantos seres passam a maior parte de sua existência como se fossem imortais. Tantos seres pronunciam esta palavra absurda: amanhã! Amanhã realizarei a obra que habita meus sonhos. Amanhã construirei minha catedral, minha mesquita ou minha sinagoga. E, lá em cima, o Todo-Poderoso sorri. Ele que sabe que amanhã está na palma de sua mão e que Ele poderia soprar nessa palma para que o futuro se desvanecesse.

O que quer que empreendas, quaisquer que sejam tuas ambições, continua modesto e lembra-te disto: "A agulha sempre sobrevive ao alfaiate."

Da fruição do instante

"Busca com sinceridade a água da vida; começa a caminhar, pois não és a amêndoa, és apenas sua casca."

Attar, *O colóquio dos pássaros*

"Se o tempo do exílio entre vós se prolonga, o esquecimento avança a passos lentos, e o desejo se apaga."

Jaafar Ibn Yahya

"Usufrui a terra e a vida, pois, se a terra permanece, a vida não permanece.

Ama a vida e usufrui a vida e, para tanto, pensa que a morte é inevitável.

Usufrui a vida! A ventura tem apenas um tempo, apressa-te! E pensa que todo o resto não é nada.

Pois todo o resto não é nada; pois, afora o amor da vida, só colherás vazio e frivolidade sobre a terra!

Pois o mundo deve ser como o abrigo do cavaleiro viajante. Amigo, sê o cavaleiro viajante da terra!"

As mil e uma noites

"Ó tu que tens mais de cinqüenta anos e dormes! Saberás usar os poucos dias que restam? O sopro deste orgulho, o ardor desta fúria, até quando? Envergonha-te! És apenas um pouco de água. Tu, que és um homem feito, continuas criança; e, ao envelheceres, finges de adolescente! Sentado, brincas, enquanto da direita e da esquerda zunem as flechas do céu inundado de claridade. Enquanto, do rebanho que somos, restar algum carneiro, o destino não cessará de fazer as vezes de açougueiro. Colocaste tua tocha no caminho do vento; és como uma casa na passagem de uma torrente. Ora, mesmo que te ergas até o céu saturnino, mesmo que tenhas a beleza do sol, da lua, ou superes o vento com teu vigor; ou mesmo que te precipites tal como o relâmpago impetuoso; mesmo que te seja permitido transmutar a pedra bruta em ouro nativo por meio da alquimia, contudo não conseguirás com teus artifícios e ardis escapar das mãos do anjo da morte. Toda perfeição acaba em um declínio; e a rosa perde as pétalas depois de perder seu frescor. Ó tu que pousas a cabeça no colo de tua amada, lembra-te do tijolo que será tua almofada na noite do sepulcro!"

Saadi, *Golestan*

"Aproveita o presente para te rejubilares, amigo, pois o próprio Adão renunciou ao paraíso assim que suas provisões se esgotaram."

Hafiz, *Ghazal*

"Não sei se aquele que me criou me destinou ao céu ou ao inferno. Uma taça, uma adolescente, um alaúde à beira do campo, satisfaço-me à vista e deixo-te o paraíso a crédito."

Omar Khayyam, *Rubaiyat*

"Diz-me, o céu é mais bonito por me ter feito viver sobre a terra? O que se perderá de sua majestade e de seu esplendor depois de eu partir? Meus dois ouvidos jamais ouviram alguém dizer-lhes nem o porquê de minha vinda, nem o porquê de minha partida."

Omar Khayyam, *Rubaiyat*

"Prometem-nos um paraíso e huris com olhos de ônix; prometem-nos vinho e hidromel. Se aqui embaixo escolhemos o vinho e as bem-amadas, temos razão, pois este é o fim que nos é prometido lá em cima."

Omar Khayyam, *Rubaiyat*

"Abebera teu coração com muitos goles, pois muitos doentes assim se curaram, e precipita-te sobre a vida como sobre uma presa, pois efêmera é sua duração. Mesmo que tua vida durasse mil anos inteiros, não seria correto dizer que é longa. Deixar-te-ás conduzir assim pela tristeza até a morte, quando o alaúde e o vinho fresco estão à tua espera? Que as preocupações não te dominem pela violência quando a taça é como uma espada faiscante em tua mão. Ao nos conduzirmos com sensatez, as preocupações nos assaltam até nosso âmago; para mim, ser sensato é não ser."

Al Mut'amid

"Tudo o que tua mão encontra para fazer, faz enquanto tiveres força, pois não há obra, nem reflexão, nem saber, nem sabedoria no Sheol para onde vais."

Eclesiastes

"Come até a saciedade, veste-te com belos trajes, gasta teu dinheiro

E sabe que, afinal de contas,

Aquele que deixa algo atrás de si não passa de um louco."

Ibn el Yamin

Lembra-te das palavras de Yeshua. Não escreveu ele: "Não vos inquieteis com o amanhã: o amanhã se inquietará consigo mesmo"? Passei mil horas atormentando-me, a alma escancarada, exposta a todas as intrusões, totalmente entregue às aflições da angústia, convencido de que dessa tortura nasceriam as respostas às questões sem respostas. Loucura! Esquecia que o mundo não passa de um sonho, de uma miragem. É possível tornar-se senhor dos sonhos? É possível aprisionar miragens? Então de que te serviria andar para lá e para cá em teu caminho de ronda, desperdiçar teu espírito com especulações vãs? O único sentimento que te convém manter é a fé. Não proclamava o Profeta: "Não sabes que o reino dos céus e a terra pertencem a Deus e que, além de Deus, para vós não existe senhor ou defensor"?

Não te inquietares com o futuro e acreditares no destino. São estas as verdades. Os batentes do destino sempre sa-

berão afastar-se para ti, chegado o dia, na hora propícia. E, como a ventura não é eterna, por que a aflição e a desventura seriam?

Da inutilidade de pensar no amanhã

"Um visitante perguntou a Uways:

– Como te sentes?

– Como alguém que se levantou de manhã e não sabe se ainda estará vivo à noite.

O outro observou:

– O que isso tem de original? Todos os homens se encontram na mesma situação!

– É verdade – disse Uway –, está certo. Mas quantos têm consciência disso?"

Narrado por Idris Shah

"Vida longa, vida breve, que te importa?
Por mais que se estire a corda,
ela deve passar pelo anel."

Rudaki, *Espineta*

"Destinado ao pó por teu nascimento, por que eriges neste mundo aqui de baixo palácios altos?"

Attar, *O livro divino*

"Acredita em mim, evita deixar algo na encruzilhada do desejo e da necessidade: nessa encruzilhada, jamais tornarás a passar."

Omar Khayyam, *Rubaiyat*

"Dentro da panela, o peixe disse ao pato: 'Achas que a água subirá o curso do rio?' O pato respondeu: 'Quando estivermos assados, o que importará que o mundo seja mar ou miragem?'"

Omar Khayyam, *Rubaiyat*

"Meu ciclo de vida transcorreu em alguns dias. Passou como passa o vento do deserto. Daí, enquanto me restar um sopro de vida, haverá dois dias com os quais jamais me preocuparei: o dia que não chegou e o dia que passou."

Omar Khayyam, *Rubaiyat*

"Somos fantoches, e o céu é o operador. Damos três voltinhas no palco da vida. Depois, um a um tornamos a cair na caixa do nada."

Omar Khayyam, *Rubaiyat*

"Esquece o dia que fugiu de tua existência. Esquece-o. Esquece o amanhã que virá e que ainda não nasceu. Esquece-o. É inútil refletires sobre o que existe e o que já não existe. Não jogues tua vida ao vento, vive o instante e esquece-o."

Omar Khayyam, *Rubaiyat*

"Hoje não tens acesso ao dia de amanhã, e tua preocupação com ele não passa de quimera. Se teu coração é sábio, não desperdices o sopro presente, pois o que te resta da vida é o único bem precioso."

Omar Khayyam, *Rubaiyat*

"O oceano não diminui nem cresce.

Ainda que as ondas sempre se inflem e fujam, o ser deste mundo é uma onda que dura apenas um momento: no instante seguinte, essa onda desaparecerá."

Djâmi

"Alguém perguntou minha idade após observar a velhice grisalhar-me as têmporas e os cachos da fronte.

Respondi-lhe: 'Uma hora. Pois, na verdade, considero insignificante o tempo que vivi até este dia.'

Ele surpreendeu-se: 'O que estais dizendo? Explicai-vos. É uma resposta perturbadora.'

Eu disse então: 'Um dia, de surpresa, dei um beijo, um beijo furtivo naquela a quem meu coração pertence. Por mais numerosos que sejam meus dias, só contarei esse breve instante, pois ele é realmente toda a minha vida.'"

Ibn Hazm, *O colar da pomba*

"Não tenhas nenhuma esperança de ser guiado neste mundo aqui de baixo: é um diabo. Não esperes dele nenhum bom fruto, pois não dará mais frutos do que um plátano.

A parte que o tempo te reserva é apenas o passar dos dias. Contenta-te com o limite dos dias que ele te oferecer."

Nasir

"Quando, após minha morte, a coruja
Esvoaçar em torno de minha sepultura,
Sedento sob a terra, terei junto de mim
Os tesouros que acumulei em vida?"

Hatim Tayy

"Por isso vos digo: Não vos preocupeis com o que haveis de comer para viver, nem com o que cobrireis vosso corpo. Não é a vida mais do que o alimento, e o corpo, mais do que a vestimenta? Contemplai os pássaros do céu: não semeiam, não colhem, não acumulam em celeiros, e vosso Pai celeste os alimenta! Não valeis mais do que eles? Quem de vós, ademais, pode, ao se preocupar, acrescentar um côvado a mais à extensão de sua vida?

E, com as vestimentas, por que vos preocupar? Contemplai como brotam os lírios do campo: não se fatigam, nem fiam.

Ora, digo-vos que em toda a sua glória o próprio Salomão jamais esteve vestido como um deles.

Que, se Deus veste desta maneira o capim dos campos, que hoje existe e amanhã será queimado, não fará bem mais por vós, gente de pouca fé!

Não vos preocupeis, portanto, dizendo: O que comeremos? O que beberemos? O que vestiremos?

Estas são coisas que os pagãos buscam.

Ora, vosso Pai celeste sabe que tendes necessidade de tudo isso."

Jesus, *Evangelho segundo São Mateus*

"A existência é uma morada que foi emprestada e construída na passagem de uma torrente; nossa vida é como uma lâmpada numa janela, em pleno vento. Sem nós, muitas vezes o sol se erguerá, se deitará; não prendas então teu coração ao que passa, pois o Tigre continuará correndo em Bagdá após o trespasse do califa."

Saadi, *Golestan*

"Empenhado dia e noite em perscrutar meu destino, não sei de onde venho, não sei para onde vou. Por que minha existência? Para que exílio? Não, eu sei, vindo lá de cima, para lá devo voltar. Sou o rouxinol do paraíso, engaiolado por alguns dias."

Djalâl al-din Rûmî, *Odes místicas*

"E lembra-te de teu Criador nos dias de tua adolescência, antes que cheguem os dias ruins e os anos dos quais dirás: 'Não me agradam'; antes que se obscureçam o sol e a luz, a lua e as estrelas e que voltem as nuvens após a chuva; no dia em que estremecerem os guardiões da casa, em que se curvarem os homens vigorosos, em que as mulheres, uma após a outra, cessarem de moer, em que a escuridão alcançar as que olham pela janela. Quando a porta se fechar sobre a rua, quando a voz do moinho se extinguir, quando todos se levantarem à voz do pássaro, quando se calarem todas as canções. Quando se temer a escalada e se tiver receio no caminho. E a amendoeira estiver em flor, e o gafanhoto pesar, e a alcaparra perder seu gosto. Quando o homem se for para sua casa de eternidade e os pranteadores já despontarem na rua. Antes que o fio de prata se desprenda, que o cálice de ouro se quebre, que o jarro se despedace na fonte, que a polia se rompa no poço e que o pó volte à terra como dela veio, e o sopro de Deus que a deu. Vaidade das vaidades, diz o Qohélet, tudo é vaidade."

Eclesiastes

"A vida? Um sorriso de criança entre duas lágrimas."

Ben Gurno

. II .

A noite se desfolha, embalada pelos murmúrios sempre repetidos do Tigre e do Eufrates. A noite é suave e sua umidade acolhedora.

Penso nela, que dorme em algum lugar.

Onde está ela, afinal? Estará deambulando pelos jardins do Alhambra ou pelas ruelas de Keruan? Estará se preparando para entregar o corpo a um esposo casual ou a um amante eleito? Um dia a perdi. Extraviamo-nos nos meandros da paixão, consumidos, queimados, a ponto de só restarem desse amor cinzas e amargura. Contudo, Alá é testemunha de que ela foi minha razão de ser, meus olhos. Ela jamais soube disso, ou não o compreendeu. A desventura de alguns amantes é unirem-se sem se compreender, tocarem-se sem se ver, verem-se sem se contemplar. O que importa? O mal está feito, e a dor será eterna. Sei agora que viver sem amor é sobreviver, é avançar a todo custo por uma estrada cheia de tédio e incertezas.

Tua glória, tua fortuna, teu poder, todas essas coisas terrestres são tão vãs, tão estéreis. De que te serviria o poder sem o poder de amar?

Sentado em um tapete de ouro ou em um enxergão empoeirado, glorioso ou derrotado após a batalha, triste ou alegre, lembra-te destas palavras: as emoções não compartilhadas com um ser amado não passam de imagens ilusórias, desprovidas de consistência e verdade.

Desde então vi paisagens suntuosas. Admirei os minaretes do Cairo, os palácios de Damasco e de Sevilha. Contemplei crepúsculos admiráveis junto às margens do Guadalquivir e do Nilo. Vi, mas nada senti, porque o único companheiro de meu olhar foi a solidão.

Jamais deixes passar a oportunidade de amar e, quando a agarrares, conserva-a preciosamente e defende-a como a uma fortaleza.

O que mais te dizer meu irmão, minha irmã, minha amada?

Somente as palavras do louco de Layla[1]*:*

1. Quays ibn al-Mulawah, da tribo dos Banu Amir, chamado Majnun Layla, "o louco de Layla", deixou um conjunto de poemas consagrados àquela a quem amou até perder o juízo.

Do amor

"O amor, vejo-o, é ardente queimação
E dos corações dos amantes faz seu alimento.
Se, assim queimados, morressem de uma vez!
Qual o quê, mal se queimam, tornam a renascer.
Tal como os danados, a pele reduzida a carvão
Para novos tormentos à juventude tornarão."

O louco de Layla

Mas o Majnun não foi o único a exprimir este sentimento milenar... Ouve:

"O amor – que Deus te conforte – começa como brincadeira e acaba seriamente. Tem tanto sentido, e de tão elevada sutileza, que desafia a descrição. Só se apreende sua verdade experimentando-o. A religião não o proíbe, a lei não o previne, pois os corações estão na mão de Deus...

O amor é ainda prodigalizar tudo o que é possível, ao passo que antes nos privávamos, é como se dar fosse um privilégio, como se no ato de dar construíssemos nossa fortuna. Quantos avarentos se tornaram generosos, quantos austeros se alegraram, quantos covardes conquistaram a coragem, quantos broncos se tornaram elegantes, quantos ignorantes transformaram-se em gente de cultura, quantos desmazelados se empoaram, quantos pobres-diabos se embelezaram; quantos idosos voltaram à infância, quantos devotos de repente ousaram e quantas virgindades se dilaceraram!

Tudo antes que o amor se apoderasse deles, antes que a primeira chama brotasse, antes que as línguas de fogo se erguessem do braseiro. Quando é o caso, depois de agarrarmos a presa, então sob teus olhos, a conversa se faz segredo, e é abertamente que nos afastamos de qualquer outra presença que não a do amado:

Falar, quando dele se fala, que alegria!
Com esse suave perfume de âmbar que me rodeia!
E, se ele fala então, surdo a qualquer companhia,
só ouço sua voz suave que trauteia.
Se o emir dos crentes aí estivesse,
Não me faria desviar.
Se devo, contra a minha vontade, ali quebrantar, o deixar
Ferido vou-me embora, com um último olhar.
Meus olhos a ele preso, quando meu corpo desaparece:
Como alguém que se afoga, e do fundo das vagas pensa na terra.
Dessa água, se ele está longe, sufoco, e tanto
Quanto a poeira fendendo-se do meio do fogo.
Até o céu, dizem-me, acreditas então chegar
– Sim! Uma escada leva a ele, e eu a soube encontrar.

De tudo o que ela tem, pega o mais fácil
E contenta-te. Não te exaltes penando por quem te crucifica.

Dela a ti, nenhum laço, nenhum poder sobre ela.
E qualquer que venha a ser teu destino,
Ela não é teu pai, nem tua mãe.

Não te desesperes com a sorte de um estratagema,
Mesmo urdido por muito tempo, pois a tarefa é árdua.
Desconfia da noite: a aurora logo surgirá,
Permanece lúcido durante o dia, pois o sol se põe.

Persevera; como o mar fustiga a falésia
E a ataca em seu fluxo e refluxo.
Insiste sem fraquejar; pouco já é muito.
O chuvisco é débil e contudo penetra no solo.
Se o homem se alimenta de veneno para sobreviver,
A longo prazo nele encontra um sustento comprovado."

Ibn Hazm, *O colar da pomba*

"O amor é um oceano, e os céus são apenas sua espuma. Sabe que os céus giram sob o efeito do amor. Sem ele, o coração do universo tornar-se-ia um bloco de gelo."

Djalâl al-din Rûmî, *Mesnevi*

"O amor é um doce cujo recheio é saboroso e a massa amarga."

As mil e uma noites

"Os sábios de outrora expressaram-se bem: o homem instruído não passa de um pobre ignorante quando se trata de amor."

Manutchehri

"Aquele a quem o amor deu a vida jamais morrerá. É por isso que a eternidade está inscrita nas folhas do coração."

Hafiz, *Ghazal*

"Sabe que o amor só possui o ser se ele o deixa surdo a qualquer outra voz que não a do bem-amado, cego a qualquer outro olhar que não aquele que emana do bem-amado. O coração selado só deixa penetrar o amor do bem-amado. O amor apõe um ferrolho no esconderijo de sua imaginação para que ele só conceba a forma de seu amado, evitando a visão de um outro que com ele competiria e recusando qualquer descrição alheia a ele da qual a imaginação poderia se apoderar."

Ibn Arabi, *Tratado do amor*

"Passeia teu coração tanto quanto puderes por diversos amores. Verás que aos primeiros sempre tornamos."

Abu Tammâm

"Dizes que o amor é um pecado? Digo que é o pecado favorito de Deus."

Ibn Hazm, *O colar da pomba*

"A primeira causa do amor é o amor que o homem dedica a si mesmo, à sua substância, à perfeição e à duração de sua existência, e o ódio de tudo o que o faz perecer e o aniquila, e o diminui, e o priva de sua perfeição."

Al-Ghazali, "Mistério"

"O amor é uma doença. O que a torna única é que do sofrimento que o amor pode gerar também pode nascer a felicidade."

Avicena, *Do conhecimento*

Mas, como vês, amar não basta, ainda é preciso saber amar. Não te assemelhes àqueles que dizem amar, quando só fazem legalizar um sentimento de posse. Mesmo quando perdoam ao ser que lhes fez mal, mesmo então, o que fazem? Querem mal a ele, cultivam o rancor para finalmente, às vezes, um dia pronunciar a frase sagrada: "Eu te perdôo." O que isso revela? Nada. Nada, senão que continuam a ser sempre o personagem central, que é o "eu" que adquire importância, porque é mais uma vez o "eu" que perdoa...

Meu irmão, meu amigo, minha irmã, rejeita qualquer forma de amor se esta só se fundamentar na atração dos corpos, na idéia de posse, de ciúme, de desconfiança e de medo. É terrível ter medo. É como morrer. Os seres que amam mal podem vos imergir nas angústias da agonia. Seu amor limita-se à repetição de declarações que nada têm a ver com o amor. O esposo porque protegeu a esposa das preocupações materiais; o amante porque irá se vangloriar de sua ciência do abraço; o pai porque lhe basta oferecer abrigo e alimento para seus filhos; a mãe porque ela vos deu à luz. Não te assemelhes àqueles que estão convencidos de amar, quando, na verdade, só amaram a si mesmos.

De saber amar

"Para amar bem uma vivente, deve-se amá-la como se ela fosse morrer amanhã."

Abu Nawas, *O vinho, o vento, a vida*

"Aquele que ama não precisa comparar; quando a comparação entra pela porta, o amor sai pela janela."

Yahya Haqqî, "Ela é assim", *A lâmpada do santuário*

"Um homem loucamente apaixonado bate à porta de sua bem-amada.

Ela pergunta por trás da porta:

– Quem é?

Ele responde:

– Sou eu!

Ela diz:

– Não há lugar para ti e para mim na mesma casa.

Então ele partiu para meditar no deserto e, anos depois, voltou a bater à porta de sua bem-amada.

Esta perguntou:
– Quem é?
Ele respondeu:
– És tu...
Só então a porta se entreabriu."

Al-Aghani

"Mais vale uma porção de legumes com amor do que uma carne suculenta com ódio."

Provérbios, *O livro de Jó*

"O homem e a mulher são como o fogo e o algodão. Para que semelhante fogo permanecesse inocente, seria preciso que fosse regado – como o poço de José – com a água da verdade."

Djâlal al-din Rûmî, *Mesnevi*

"Um dia em que Majnun se lamentava de seu amor, alguém lhe disse:

– Majnun, pára de te lamentar, pois Leila está aqui. Ela está postada diante de tua porta.

De imediato Majnun ergueu a cabeça:

– Dize-lhe que não pare, pois Leila me impediria por alguns instantes de pensar no amor de Leila."

Al-Aghani

"Por orgulho recusei a ventura do amor. E sofri o castigo do orgulho. Tenho um Bem-Amado que visito na solidão. Presente e ausente aos olhares, não me vês escutá-lo com a audição. Para compreender as palavras que ele diz, palavras sem forma nem pronúncia e que não se assemelham à melodia das vozes. É como se, a ele dirigindo-me pelo pensamento, me dirigisse a mim mesmo. Presente e ausente, próximo e distante. As figuras dos qualificativos não conseguem contê-lo. Ele está mais próximo do que a consciência para a imaginação e mais oculto do que os pensamentos evidentes. Entre ti e mim, há um 'sou' que me atormenta. Ah, elimina com teu 'sou' meu 'sou' de entre nós dois."

Hallaj

"Ó tu que questionas nossa aventura, se nos tivesses visto, já não nos diferenciarias, tornei-me aquele que amo, e aquele que amo tornou-se eu. Somos dois espíritos fundidos em um só corpo para nós, desde que confiamos um no outro, as pessoas colocam nossa lenda em provérbios. Quando me viste, viste a ele, e quando o viste, viste a nós. Seu espírito é meu espírito, e meu espírito, seu espírito. Somos dois espíritos vivendo em um único corpo."

Hallaj

"Havia no Egito um célebre rei pelo qual um infeliz se apaixonou de fato. Quando a notícia chegou ao rei, ele imediatamente mandou buscar o homem transtornado e disse-lhe: 'Como estás apaixonado por mim, escolhe uma das determinações que vou te propor: abandonar esta cidade e este país ou ter a cabeça cortada por amor a mim. Em poucas palavras digo-te claramente; escolhe então ter a cabeça cortada ou emigrar.' Não sendo o infeliz um homem de ação, preferiu abandonar a cidade. Frustrado e furioso, dispunha-se a partir quando o rei ordenou que lhe cortassem a cabeça. Um camareiro então disse: 'Ele é inocente; por que o rei ordenou que lhe cortassem a cabeça?' Respondeu o rei: 'É porque ele não amava de verdade e não era verdadeiro no caminho do amor. Se de fato fosse homem de ação, ele preferiria que lhe cortassem a cabeça a abandonar o país. Seria um crime amar aquele que prefere sua vida ao objeto de seu amor. Se ele tivesse consentido que lhe cortassem a cabeça, eu faria qualquer sacrifício para servi-lo e tornar-me-ia seu dervixe. Mas, como ele só dispunha de pretensões no amor, convinha cortar-lhe a cabeça. O apaixonado que prefere o amor de sua cabeça não é habitado pelo amor verdadeiro ou pelo amor puro. Dei esta ordem a fim de que nenhum homem sem resolução firme venha vangloriar-se mentirosamente de sentir amor por mim.'"

Attar, *O colóquio dos pássaros*

"Gostaria que meu coração fosse aberto como que por uma faca. Nele entrarias, em seguida ele tornaria a se fechar em meu peito. Nele encontrar-te-ias sem nenhum outro companheiro, até o dia da ressurreição e do juízo dos mortos."

Ibn Hazm, *O colar da pomba*

"Boa gente, meu ouvido apaixonou-se por alguém desta tribo, pois muitas vezes o ouvido é estimulado antes dos olhos. Disseram-me: 'Como podes amar sem ter visto?' Respondi: 'O ouvido não menos do que os olhos sabe orientar o amor.'"

Bachâr Ibn Burd, "De ouvido"

"Responde presente à paixão
toda vez que ela te convoca
e faze calarem-se os incitadores
que te proíbem qualquer excesso.
Quando te censurarem por amar, quando te injuriarem
mantém-te firme: que tua fúria libidinosa
seja tua insígnia aos olhos do mundo!
Se não manifestares
teu domínio sobre esse terreno
outros se oferecerão o prazer
de se fazerem príncipes em teu lugar."

Abu al-Qasim al-Tamimi, "Principado"

"O único remédio para o sofrimento de amor ainda é o amor."

As mil e uma noites

"Aquele que se deixa queimar por olhos ardentes depois não poderá queixar-se, gemendo, de ter sido ferido de morte."

As mil e uma noites

"Queimado pelo fogo do amor, meu desejo é
transformar-me em cinzas.
Pisoteado, meu desejo é tornar-me vereda.
Atravessando a multidão rumo ao país da unidade
Abrindo caminho rumo ao infinito, meu desejo é ser deserto.
Através das provações ao encontro do amado,
atingido o oceano, meu único desejo é ser lago.
Sem deferência por artifícios íntimos,
sem ilusão quanto às promessas
No ramo do roseiral do amor
Meu único desejo é ser rosa."

Kul Himmet

Da importância de amar

"Ó amigos, ouvi-me:
o amor é como o sol
e o coração sem amor
assemelha-se a uma pedra negra.
O que pode brotar de um coração de pedra?

Aquele que o carrega só tem veneno na língua,
e suas palavras, mesmo as mais brandas,
são violentas como a guerra.
O coração rico de amor é ardente
e vem a ser tenro como o círio;
os corações de pedra são como o inverno
negro inverno, inverno duro como gelo.
À porta de nosso Rei,
a serviço de nosso Senhor
as estrelas dos que amam
assemelham-se às sentinelas."

Yunus Emré

"De que serviria a alma se não tivesse um objeto para amar? Se és um homem, que tua alma não dispense uma senhora. Por tua bem-amada, renuncia à tua vida acarinhada, como os homens dignos de sua vocação. Se entregares graciosamente tua alma, merecerás que tua bem-amada te entregue a vida."

Attar, *O colóquio dos pássaros*

. III .

Os sábios te falaram do amor, mas um fio separa o amor da mulher, da mesma maneira que um fio separa o verdadeiro do falso. Pois o amor é inerente à mulher. Eu te disse: a mulher é o algodão, o homem é o fogo. De que serviria o fogo se não tivesse nada para incendiar?

Um não é superior ao outro. E seria absurdo a mulher tentar igualar o homem. Absurdo e tolo. Querer igualar o homem é aproximar-se da imperfeição, tanto mais porque, diante dos reis e dos guerreiros, confrontada com os poderosos e com os senhores, mesmo na escravidão, a mulher sempre terá uma vantagem única, divina, sobre seu parceiro masculino: só ela é capaz de carregar a vida e de dar à luz.

Raramente cruzei com homens plenamente satisfeitos que tenham crescido sem uma companheira a seu lado. Se um homem possui mesmo que apenas um único dom, a mulher conseguirá decuplicá-lo. Se possuir uma única onça de força nele, ela conseguirá torná-lo mais forte do que mil touros.

Para o poeta, a mulher é a musa; para o conquistador, ela é a coragem; para o homem da lei, é a justiça; para o vizir, a ambição; para a sensatez, a loucura; para a mentira, a verdade. Viver sem mulher é viver pela metade. O Criador, aliás, afirma no Grande Livro: "Não é bom o homem ficar sozinho."

Se ficar sozinho, encerrado em sua torre, o homem torna-se capaz de todos os abusos, de todas as ferocidades, porque ignora a virtude do dom e do compartilhar.

Da força da mulher

"Aparentemente, os homem são superiores às mulheres; na realidade, são sempre eles os vencidos. É como a água e o fogo, pois o fogo sempre acaba provocando a evaporação da água."

Djalâl al-din Rûmî, *Mesnevi*

"O paraíso está sob os pés das mães."

Hadith

"Filhos de Adão, proclamemos juntos que somos escravos das mulheres!"

Al-Abbas Ibn al-Ahnaf

Da mulher e do prazer

"Ó vós que sois crentes, não vos proibais os prazeres que Deus vos declarou lícitos, mas não transponhais os limites, pois Deus não ama os excessivamente zelosos."

Hadith

"Vossas mulheres são para vós como um campo de lavoura: ide a vosso campo como quiserdes, mas antes fazei uma boa ação em vosso proveito."

Maomé, II, 223

Como estamos evocando a mulher e o prazer, não posso evitar te narrar uma cena que a doce Sherazade nos descreve em seus contos admiráveis. Poderás constatar que as mulheres que desabrocharam sabem despojar-se do pudor que aprenderam para exigir de seu bem-amado, sem equívoco, com naturalidade, admiravelmente, sua porção de prazer. Sem a suavidade da pele das mulheres, Deus, como a carne seria triste!

"Então a moça levantou-se, e despiu-se, e veio até mim tendo sobre a pele apenas a camisa fina. E que camisa! Que bordados! Também usava calças límpidas; mas logo as deixou escorregar e, tomando-me pela mão, conduziu-me ao fundo da alcova, onde se jogou comigo na grande cama de ouro e, ofegante, disse-me: 'Agora isto nos é permitido. Não há vergonha no que é lícito!' E deitou-se, elástica, e atraiu-me inteiro para si; gemeu por muito tempo, prosseguindo por um intenso estremecimento e, em seguida, por alguns trejeitos faceiros; e então acabou erguendo a fina camisa até acima da cintura.

Então já não consegui refrear meus antigos desejos e, após sugar-lhe os lábios, enquanto ela desfalecia, e se estirava, e piscava, penetrei-a de um lado a outro. E constatei a exatidão encantadora dos dizeres do poeta: 'Quando a rapariga ergueu seu vestido, minha vista pode estender-se facilmente pelo terraço de seu ventre, ó jardins!'

E descobri sua entrada que era tão estreita e difícil quanto minha paciência e minha vida. Mas de qualquer modo consegui com força ali penetrar, embora apenas até a metade. Então, ela deu um longo suspiro; e perguntei-lhe: 'Por que suspiras?' Ela respondeu: 'Pela outra metade, ó luz de meus olhos!'

De fato, feito isso, ela disse-me: 'Faze o que quiseres, sou tua escrava obediente. Vai! Vem! Toma! Dá! Por inteiro ou de outra forma! Por minha vida em tua casa! Oferece-mo para que com minha mão eu com ele me penetre e assossegue minhas entranhas!'"

As mil e uma noites

Da conquista da mulher

"As mulheres erguem obstáculos quando as manuseamos um pouco prematuramente demais e precipitamos as operações; mas a parte mais difícil torna-se simples assim que elas também partem a galope."

Bachâr Ibn Burd

"O homem propõe, Alá dispõe e a mulher se interpõe."

Bachâr Ibn Burd

"Se o coração de uma mulher for de pedra, só o homem paciente e apaixonado – como Moisés em outros tempos – conseguirá fazer jorrar de seus dedos a limpidez de uma fonte."

As mil e uma noites

Da mulher complemento do homem

"Bem-aventurado o homem que tem uma mulher valente, ele duplicará o número de seus dias."

Talmude, *Livro de Ruth*

"Quem encontrará uma mulher forte? Ela é mais preciosa do que todos os tesouros que o viajante traz do extremo do mundo."

Livro dos provérbios

"Deus criou o mundo. A mulher criou o lar."

Provérbio curdo

"As mulheres são as irmãs dos homens."

Hadith

"O homem é um rio. A mulher é um lago."

Provérbio curdo

"A casa de um homem é sua mulher."

Provérbio judaico

"O provérbio diz: por uma rival e não pelo açoite."

Provérbio judaico

"Três atributos são considerados qualidades na mulher e defeitos no homem: o orgulho, a prudência e a avareza. Não se engana com facilidade uma mulher orgulhosa. Uma mulher avarenta poupa seu dinheiro e o dinheiro do marido. Uma mulher prudente evita atrair amolações."

Ali Ibn Abu Taleb

"Quanto aos que acusam as esposas sem ter outras testemunhas além deles mesmos, o testemunho de cada um deles consistirá em testemunhar quatro vezes diante de Deus que dizem a verdade, e uma quinta vez para atraírem sobre si a maldição de Deus caso tenham proferido uma mentira."

Maomé, XXIV, 5,6

"Se temeis ser injustos para com os órfãos, temei igualmente ser injustos para com as mulheres."

Maomé, IV, 3

"Dai oitenta chibatadas naqueles que acusam as mulheres honestas sem poder designar quatro testemunhas; e nunca mais aceiteis seu testemunho: estes são perversos, à exceção daqueles que, depois disto, se arrependem e se remendam. – Na verdade, Deus é aquele que perdoa; é misericordioso."

Maomé, XXIV, 4

A mulher e a beleza

"A beleza de uma mulher tola é tão ridícula quanto um anel de ouro no focinho de um porco."

Livro dos provérbios

"A beleza da mulher é a presa dos corações."

Thaâlibi

E já que te falei da mulher, é natural que evoque seu complemento: o homem. O homem que, no início dos tempos, vivia na mulher como a mulher vivia nele. Basta reler o Grande Livro para constatar o quanto ela e ele eram um único ser. Pois Deus não criou Adão primeiro. Aqueles que transmitem essa informação perpetuam um erro milenar. O que nos diz o Gênese? "Deus criou o homem à sua imagem, à imagem de Deus o criou, homem e mulher, ele os criou." Lestes de fato "Homem e mulher, ele os criou". Eram na verdade um único ser, o feminino e o masculino unidos em uma única alma, em um único corpo. Só depois, muito tempo depois, o Altíssimo – por motivos que deploro – decidiu separá-los um do outro: "Então Iavé Deus fez o torpor cair sobre o homem, e ele adormeceu. Ele tomou uma de suas costelas e tornou a fechar a carne naquele lugar. Em seguida, da costela que tinha tirado do homem, Iavé Deus modelou uma mulher e levou-a ao homem. Então este exclamou: Desta feita é o osso de meus ossos e a carne da minha carne! Esta será chamada mulher, pois foi tirada do homem! É por isso que o homem deixa seu pai e sua mãe e se apega à sua mulher, e eles tornam-se uma única carne."

Ah! Se ao menos o Todo-Poderoso não tivesse realizado essa separação. O homem e a mulher não passariam uma vida procurando um ao outro desesperadamente, tateando nas trevas em busca de sua metade, e o homem não teria perdido nada de sua perfeição.

Do homem

"A finalidade do universo é o homem, e a finalidade do homem é o universo."

Sultân Valad

"O pior dos homens é aquele que é venerado por ser temido."

Hadith

"Sê conciliador com a mulher, jamais com o homem."

Provérbio curdo

"Antes que o mundo fosse criado, quando não existia nenhuma criatura, nem o homem, esse Deus era um tesouro escondido, nada além Dele existia, ó rei!

Com Ele havia apenas nomes e atributos. O que era outra coisa que não Ele era nada por sua essência.

Ele desejou ser conhecido com Seus atributos, deu uma ordem e criou com um *kâf* e um *nûn*.

Ele fabricou para Si, ó rei, um espelho; e Deus viu a Si mesmo com Seus atributos.

O homem é esse espelho de Deus, olha-o com inteligência; o que se vê é Deus, Seus nomes e Seus atributos."

Mehmet Tchelebi

"O homem só obtém a mulher que ele merece."

Provérbio popular[1]

1. Sob essa designação se inscrevem todos os provérbios orientais que, por assim dizer, caíram em domínio público. Ninguém consegue definir onde nasceram, nem em que época. Em quem seus autores se inspiraram? Quem eles inspiraram? Pertencem aos mais sábios dos sábios, ou seja, aos anônimos que fazem a vida.

"Onde não há homem, mais um motivo para ser um homem."

Abu Ali Shaqik Balkhi

"O melhor homem entre os homens é aquele que lhes é mais útil."

Hadith

"O homem sábio é aquele que busca se instruir junto aos homens.

O homem forte é aquele que sabe reprimir seus desejos.

O homem rico é aquele que se contenta com seu quinhão.

O homem honrado é aquele que honra os outros."

Ditado popular judaico

. IV .

Tudo começou há milhões de anos. Vi tudo. Eu estava presente quando do primeiro dia. Naquele tempo em que o homem, a mulher eram um único e mesmo ser.

Desde que foram arrancados um do outro, esforçam-se por reconstituir o núcleo original. Unem-se, vivem sob o mesmo teto, com a esperança secreta de fazer esta felicidade recuperada durar o máximo possível. Infelizmente é de seu reencontro que decorre o perigo de se perderem.

Viver como casal no dia-a-dia é um desafio. Sabe-se bem que é mais fácil ser amante do que marido, porque é mais difícil ter espírito todos os dias do que dizer coisas bonitas de vez em quando. Da mesma forma, é menos custoso ser amante do que esposa, porque é mais fácil receber carícias do que prodigalizá-las.

Afirma-te que o grande perigo que espreita os casais é a certeza. Esta noção de coisa adquirida que nos leva a acreditar que o outro é nossa propriedade, que ele jamais nos deixará. A certeza assemelha-se à onda que, dia após dia, bate na falésia e a corrói lenta mas inexoravelmente. Uma manhã, a falésia desaba e resta apenas poeira de rocha. O mesmo ocorre com casais demasiadamente seguros de si mesmos e dos amores que vivem numa falsa tranqüilidade. Não é segredo para ninguém que o amor nasce da dúvida e morre na certeza demasiadamente grande. Meu amigo, minha irmã, meu irmão, se ela vier a surgir, afugenta de teu teto a certeza demasiadamente grande...

Do casal e do casamento

"Aquele que adquire uma mulher tem o princípio da fortuna, uma ajudante semelhante a ele, uma coluna de apoio. Se não for fechado, o domínio fica entregue à pilhagem; sem uma mulher, o homem geme e fica à deriva."

Eclesiástico[1]

"Amai-vos uns aos outros, mas não façais do amor uma aliança que vos acorrenta um ao outro. Enchei cada

1. Não confundir com o *Eclesiastes;* Ben Sira, conhecido como "O Siracida", é o autor do *Eclesiástico,* livro de sabedoria que por muito tempo usufruiu de uma condição quase canônica na tradição judaica, até o dia em que, por volta do século XIII, foi riscado do índex.

um a taça do outro, mas não bebais da mesma taça. Postai-vos lado a lado, mas não perto demais. Pois os pilares que sustentam o templo erguem-se separados, e o carvalho não se ergue à sombra do cipreste."

Khalil Gibran, *O profeta*

"Infeliz do homem solitário, pois, quando cair, não haverá ninguém para ajudá-lo a levantar-se."

Eclesiastes[2]

"Quem se casa no escuro divorcia-se à luz do dia."

Provérbio judaico

"Um divorciado que desposa uma divorciada, e aí estão quatro pensamentos presentes na cama."

Talmude, *O livro de Ruth*

"Exibe teu marido como roupa branca no terraço: se teu destino é conservá-lo, ele não se perderá."

Provérbio egípcio

"O casamento é às vezes um inferno quando se compartilha o quarto; em quartos separados é apenas purgatório; não havendo coabitação, talvez fosse o paraíso."

Ditado popular

2. *Livro do Eclesiastes* (Qohélet). Teria sido redigido no século III a.C. Identifica-se o "Eclesiastes" ao rei Salomão.

Da união do homem com a mulher nascerão crianças. Será que te digo que uma criança é vida? É claro que já sabes isto. Da mesma maneira, não deixas de saber que a criança só vê a si mesma, só ama a si mesma e só sofre por si mesma: que é o maior, o mais inocente e o mais angelical dos egoístas.

Se não tens filhos, aspira a ter. De qualquer maneira. Existem tantos órfãos no universo, que, para acolhê-los, o universo inteiro não seria demais. Se tens filhos, aspira a ajudá-los a crescer felizes. Pois acredito que a pior injustiça que se pode cometer é infligir sofrimento, moral ou físico, a uma criança. Provenha ela de tua própria família ou da família de simples estranhos.

No início de sua vida, uma criança é apenas inocência. Só pede para amar e ser amada. Até o exige. Acreditará em tudo o que lhe disseres. Tudo o que lhe ensinares nela florescerá. Cuidado para jamais pisoteares as alamedas de seu jardim. E tem a convicção de que cada grão de amor que lhe deres, ela saberá moê-lo e multiplicá-lo para com ele alimentar um dia a terra inteira.

Das crianças

"O nascimento da criança dilacera o ventre materno. O nascimento do homem dilacera o universo."

Djalâl al-din Rûmî, *Mesnevi*

"Então Jesus disse: 'Deixai vir a mim as criancinhas, pois a seus semelhantes pertence o Reino dos Céus.'"

Jesus, *Evangelho segundo São Mateus*

"O odor da criança emana do paraíso."

Provérbio popular

"As crianças são o adorno da vida aqui embaixo."

Maomé, XVIII, 46

"Aos olhos de sua mãe, o macaco é uma gazela."

Provérbio popular egípcio

"Nossos filhos são nossos corações nos quais crescem pés com os quais começam a andar."

Hattan Ibn al-Mu'alla

"Ouvi o Enviado de Deus pronunciar essas palavras: 'Deus recompensará em cem vezes a bondade; conservou junto a ele noventa e nove centésimos e deixou apenas um centésimo de bondade na terra. É em virtude desse centésimo que todos os seres serão animados de um sentimento de bondade, de maneira que o cavalo afastará seu casco do filho desta mulher por medo de feri-lo.'"

Hadith

Da educação dos filhos

"Vossos filhos não são vossos filhos. São filhos da Vida que ainda tem sede de viver. Vêem a luz através de vós, mas não a partir de vós. Podeis dar-lhes vosso amor, mas não vossos pensamentos, pois eles têm seus próprios pensamentos. Podeis acolher seus corpos, mas não suas almas. Pois suas almas habitam a morada do amanhã que não podeis visitar, nem mesmo em vossos sonhos."

Khalil Gibran, *O profeta*

"Cuidado para não criardes vossos filhos como se eles fossem permanecer crianças por toda a vida, sem pensardes que um dia se tornarão pais."

Hattan Ibn al-Mu'alla

"Aquele que tem uma criança, que se faça criança para ela."

Hattan Ibn al-Mu'alla

"Educar uma criança é como gravar na pedra."

Provérbio popular

"Quando vires um órfão acabrunhado de tristeza, evita beijar com amor a testa de teu filho."

Djalâl al-din Rûmî, *Mesnevi*

"Que direito os pais têm sobre os filhos?, perguntou um homem ao Profeta. Eles são para ti o paraíso e o inferno, ele respondeu."

Hadith

"Qualquer um que garanta a educação de um órfão torna-se seu pai."

Provérbio judaico

Uma criança é como uma arvorezinha, para que cresça direito e um dia se metamorfoseie em cedro, ela precisa de tutores. De um pai, de uma mãe, de uma família. Mas existem mil e uma formas de família. E a melhor não é necessariamente aquela em que se nasceu. Às vezes separar-se dela torna-se uma libertação. Desvencilhar-se de uma família em que só prevalecem a opressão e a cegueira é como se livrar de uma bigorna sobre o peito; mal nos libertamos desse peso inútil, tornamo-nos pássaro, águia, e erguemo-nos finalmente rumo aos cumes.

Uma família é antes de mais nada uma comunhão de pensamentos, a harmonia do coração e do espírito. É olhar para a mesma direção.

Se os seres com teu sangue participam de tua felicidade e de tua evolução, conserva-os como um bem precioso, como um tesouro incomparável; se, ao contrário, esses seres só te criticam, procurando fazer de ti uma reprodução deles mesmos, se desrespeitam tua identidade e tuas aspirações, aban-

dona-os sem culpa e escolhe tua própria família. É certo que a encontrarás. Nas ruas de Samarcanda ou em outro lugar. Junto aos mendigos ou à sombra dos príncipes. Ela saberá te acolher. Ela te protegerá e saberás amá-la porque a elegeste, porque vossa união não será unicamente devida ao acaso.

Da família

"Muitas vezes um irmão para ti é alguém que tua mãe não gerou."

Muhammad Akbaradbâdî

"Se o genro for bom, ganhaste um filho; se for ruim, perdeste uma filha."

Provérbio judaico

"Que bem fizeste a teu pai para esperares o mesmo de teu filho?"

Saadi, *Debate sobre o amor*

"Uma tranca protege a porta. A sensatez protege a moça."

Provérbio marroquino

"Um rapaz pode tornar-se príncipe. A moça irá tornar-se mãe."

Provérbio curdo

"Para conservar o parentesco, deve-se cercá-lo de amizade, ao passo que a amizade dispensa o parentesco."

Provérbio popular

"O pai é dominação, o tio é aflição, o irmão é armadilha, o filho é sofrimento e os próximos, escorpiões."

Provérbio popular

"Para aquele que perde seu mérito pessoal, o mérito de seu pai não tem nenhuma utilidade."

Qoss Ibn Sai'dah

No momento em que te falo, um grupo de homens acaba de atravessar a praça El-Djazal. Carregam um ataúde recoberto de um lençol branco e dirigem-se para o cemitério de Bab el Kamar, bastante próximo do antigo hipódromo de Samarra. Os lamentos das carpideiras rompem o silêncio da noite.

Paradoxo estranho a visão desse cortejo fúnebre, enquanto eu te falava da criança, da família, portanto, da vida.

Mas, no fundo, o que é a vida senão a face oculta da morte? O que eu poderia te transmitir sobre este instante funesto que reconduz os homens à sua igualdade?

Príncipes, mendigos, ninguém consegue fugir a esse encontro marcado com o Criador desde o exílio de Adão. Do mesmo modo que o muezim chama os fiéis à prece, Azrael, o anjo da morte, convida os vivos à última hora. O instante não é dos mais venturosos. Porém, se a alma estiver pronta, a dor será menos profunda. Na verdade, se partir é uma provação, testemunhar a partida dos que amamos é ainda bem mais pungente.

Para falar desta última hora, só posso me desvanecer diante das afirmações de um homem que se parece comigo, de alguém que vaga como eu, que, da Cidade Redonda a Alepo, percorreu as trilhas poeirentas do Oriente. Refiro-me a Abu Zayd, apelidado de "O Demônio". O vagabundo de gênio. Escuta o que ele diz sobre a morte. E jamais esqueças:

Da morte

"Ó tu, que pretendes compreender todas as coisas, até quando agirás assim, ó irmão da conjetura? Enches teu odre dos pecados e vícios que observaste nos outros e cometes tu mesmo uma infinidade de erros.

Nenhuma deformidade é visível a teus olhos? Teus cabelos brancos não te avisam que o tempo foge?

Não podes duvidar de suas advertências. Não és surdo a ponto de não as ouvir.

A morte não te lança seu chamado de longe? A voz dela não chegou a teus ouvidos?

Não temes a perda irreparável da circunstância oferecida de considerá-la e de fazer teus preparativos?

Quantas vezes hesitarás em tua caminhada à meta suprema? Quantas vezes, por inconsciência, assumirás uma atitude de soberba?

Quantas vezes tenderás às distrações, como se a morte não ceifasse todos os homens?

Quando cessarás de vagar para cá e para lá adiando o momento em que precisarás refletir?

Refletir sobre as marcas que deixaste se acumularem em ti, sobre teus vícios que cresceram em número.

Se ofendeste teu Senhor, tua conduta não te provoca angústia?

Quando teu projeto de sucesso torna-se fracasso, ardes de desespero, e, quando as inscrições gravadas na moeda de ouro brilham diante de teus olhos, estremeces de alegria, ao passo que a padiola de um defunto que passa diante de ti nada provoca senão a comédia da tristeza.

Desdenhas aquele que te aconselha com toda a franqueza, te desvias dele e pegas um outro caminho, enquanto te submetes às ordens de quem te engana e te conta mentiras e calúnias.

Fazes esforços para alimentar a paixão carnal e os artifícios para biscatear algum dinheiro, enquanto te esqueces da escuridão que te cercará em tua sepultura e não pensas no que será de ti depois.

Se a sorte não te tivesse sorrido, não terias lançado olhares que só eram chamados ao amor proibido.

Não terias demonstrado frieza diante dos discursos devotos que apagam o luto.

Serás rejeitado até do Juízo Final. Já não derramarás lágrimas comuns, mas lágrimas de sangue.

A tribo à qual te apegas não te salvará do desastre, nem teu parentesco com um determinado tio paterno ou materno.

Parece que já estou te vendo cair em um abismo rumo ao sepulcro em que serás encerrado.

Teus próximos terão te abandonado nessa passagem que, para ti, será mais estreita que o buraco de uma agulha.

Nesta morada, teu corpo deitado, sem vida, será entregue aos vermes ávidos até que sua compleição se faça deliqüescência, e seus ossos, podridão total.

Em seguida, haverá os preparativos para a reunião geral da humanidade tendo em vista o julgamento sem nenhum recurso, com uma ponte estreita jogada por cima de um abismo de fogo como única passagem para o Paraíso.

Quanta gente que segue o caminho da retidão então se perderá! Quantos poderosos se aviltarão!

Quantos sábios em ciência religiosa errarão, dizendo: 'O caso é complicado demais para que eu encontre uma solução!'"

Al-Qâsim al-Harîrî, *O livro dos demônios*

"Da Terra a Saturno, resolvi todos os problemas, evitei armadilhas e emboscadas, desfiz todos os nós, exceto o da morte."

Omar Khayyam, *Rubaiyat*

"Somos apenas peões nas mãos do Céu. Para se distrair, Ele desloca-nos. Isto não é uma metáfora, ele é o Senhor, só ele joga. No tabuleiro da existência, empurra-nos sem nos conhecer, depois joga-nos na estreita sepultura do nada."

Omar Khayyam, *Rubaiyat*

"Minha alma, juntos formamos os dois braços de um mesmo compasso. E, embora tenhamos duas pontas, somos um mesmo corpo. Giramos sobre uma das pontas para descrever um único círculo, até o dia final que verá nossos dois braços unirem-se."

Omar Khayyam, *Rubaiyat*

"A morte seria mais inteligente do que a vida por ser a única a não fazer distinção entre os homens?"

Ben Gurno

"Talvez exista um túmulo que foi túmulo duas vezes e que se diverte ao ver hóspedes tão diferentes; ao ver, com o transcorrer das épocas, um cadáver enterrado sobre os restos de um outro enterrado."

Ma'ari

"O sono da morte permite que o corpo repouse. A vida não passa de uma insônia."

Ma'ari

"Apressa-te, ó tu, homem sem experiência, para realizar os atos que tornam doce o que é amargo.

Logo tua vida irá desvanecer-se e ainda não abandonaste tua conduta censurável.

Não confies nas situações que o século te oferece, mesmo que sejam fáceis ou agradáveis, pois cairás na armadilha, como aquele que a amabilidade insinuante da víbora ilude, ela, que, no entanto, destila veneno.

Modera tua arrogância para com os mais humildes, pois a morte está a ponto de vir a teu encontro.

Ela insinua-se em direção ao alto de teu pescoço. Impossível detê-la depois que ela tomar impulso.

Evita o mau humor nos momentos em que a sorte te sorri.

Quando tuas palavras se excitam sob o açoite da raiva, mantém a rédea curta. Bem-aventurado daquele que controla sua linguagem!

Acalma o homem na aflição e confia nele escutando seus queixumes.

Torna nobre a ação mais modesta.

Substitui os farrapos pelo sólido, dando um pouco mais do que o suficiente.

Não fiques triste se te faltar alguma coisa, e não agarres o supérfluo por reflexo de avareza.

Não te vistas de andrajos por cálculo e habitua tua palma a abrir-se com freqüência para dar.

Não dês ouvidos a quem critica tua prodigalidade e cura tua mão do hábito da avareza.

Faze para ti provisão de boas ações e renuncia aos maus procedimentos que podem prejudicar.

Prepara tua nau para a viagem dos fins últimos e teme o alarido da tempestade.

Amigo, esses são os conselhos que me deram. Eu, por minha vez, os dispenso como homem de intenções puras. Bem-aventurado aquele que volta à casa à noite munido das recomendações que acabo de proferir."

Al-Qâsim al-Harîrî, *O livro dos demônios*

"Aquele que se preparou cedo para a noite não é surpreendido pelas trevas."

Halil Sarkis, *Estátua*

"Se for necessário morrer um dia de alguma maneira, morramos de coragem, e não de covardia."

Al-Mutannabi

Da vida após a morte

"Que semente não estava escondida na terra antes de brotar?

Por que duvidas da semente do homem?"

Sultân Valad

. V .

Observo as estrelas, o coração de repente apertado, a alma subindo à boca. Evocar a morte, isto é, o termo de uma viagem, quando se ignora se ela prosseguirá em outra parte, não é coisa fácil. Contudo, amaldiçoado pelos deuses, sei que a morte me evita, mesmo que a tenha implorado por muito tempo. Mas como eu reagiria no dia em que ela se apresentar à minha mesa ou à minha cabeceira, em uma estrada deserta, na algazarra de uma cidade ou na tepidez tranqüila de uma mesquita? Que palavras encontraria para engodá-la? Ademais, será que ela me responderá? Já zombei dela mais de uma vez, mas esta noite, por que te mentiria? Quando ela se adiantar, sei que o medo tomará conta de mim. Aqueles que afirmam não temer a morte são mentirosos ou ignoram o sig-

nificado do verbo morrer. Ou então já estão mortos, mas não sabem.

Sabes que os marinheiros pescadores do mar dos Khazars se recusam a aprender a nadar para não desafiar o mar? Acho que fiz o mesmo. Recusei-me a aprender a viver com o receio de que me tirassem a vida. Estou, contudo, convencido de que o único recurso no dia do encontro final será a idéia da existência de Deus. De um Deus qualquer. Qualquer que seja o nome que alguns lhe dêem. Seja o do Profeta, de Jesus, de Abraão ou mesmo de uma tribo bárbara perdida nos abismos da África.

Aceito-o tal qual é, de onde quer que venha, onde quer que esteja.

Um dia um velho sábio murmurou para mim: "O coração só aprende pelo sofrimento; só se aprende Deus com o coração." Todas as tentativas dos homens para achar Deus foram, são e serão apenas balbucios vãos; é o mesmo que pedir a uma mesa que descreva o carpinteiro.

Com a face velada, os homens tentaram se apoderar do Criador para derramar melhor o sangue em seu Nome. "É meu Deus!", juram os cristãos. "É o meu!", afirmam os filhos do islã. "Estais cometendo um erro", bradam os israelitas, "é o nosso!"

Será que um dia o Altíssimo os perdoará por terem tentado encerrá-lo entre as paredes de sua suficiência?

Cego em virtude de seu orgulho infinito e talvez também levado por sua desesperança, o homem exige um nome, um lugar, uma identidade, nisto traindo a sublime resposta rece-

bida no Sinai por Mussa, o Moisés dos hebreus, quando este interrogou o Todo-Poderoso diante do arbusto ardente: "Se me disserem: 'Qual é teu nome?', o que lhes direi?"

E Ele respondeu: "Serei o que serei..."

Só crê em um Deus sem nome e livre... um Deus sem pátria, tendo como única morada a casa dos astros, como únicos limites os limites do universo. Um Pai de braços abertos para acolher melhor todos os filhos, sem distinção de cor ou de raça.

Do conhecimento de Deus

"Corro para incendiar o paraíso e apagar o inferno para que só reste ELE."

Rabi'a Al-Adawiyya

"Deus, o criador, não precisa do mundo. Homem, é para ti que céu e terra foram criados."

Firdusi, *O livro dos reis*

"Deus deu a todo fenômeno uma causa, a toda causa uma razão, a toda razão uma determinação."

Abdallah Ibn Muqaffa, *Kalilah wa Dimnah*

"Ninguém vê Deus, a não ser Deus."

Hamza Fansûri

"Não o procurarias se ele já não te houvesse encontrado."

Djalâl al-din Rûmî, ***Mesnevi***

"Deus é feito metade de gelo e metade de fogo; ora, nem o ouro nem o gelo apagam o fogo, nem o fogo dissolve o gelo."

Hadith

"Quem não sabe exprimir sua gratidão a seus semelhantes não saberá exprimi-la face a face com Deus."

Hadith

"Apega-te a Deus e irás encontrá-lo diante de ti. Reconhece Deus no bem-estar, Ele te reconhecerá na aflição. Sabe que o que não te prejudicou não era suscetível de te atingir, e o que te atingiu não era suscetível de te poupar. Sabe também que a vitória é fruto da paciência, que a libertação segue a aflição e que a aflição sempre dará lugar à ventura."

Hadith

"Dizei: 'Acreditamos em Deus, no que nos foi revelado, no que foi revelado a Abraão, a Ismael, a Isaac, a Jacó e às tribos, no que foi dado a Moisés e a Jesus; no que foi dado aos profetas pelo seu Senhor. Não preferimos nenhum deles; somos submissos a Deus.'"

Maomé, II, 136

"Quando de uma de minhas viagens, conheci uma mulher e perguntei-lhe qual era o fim do amor. 'Imbecil', ela exclamou, 'o amor não tem fim.' Perguntei: 'Por quê?' Ela respondeu: 'Porque Alá não tem fim.'"

Dhû'l-Nûn al-Masri

"Todo bem vem de Deus; todo mal que te atinge vem de ti mesmo."

Maomé, IV, 79

"Se não pecássemos, Deus criaria outros humanos que pecassem e aos quais concederia o seu perdão."

Hadith

"Em suma, nenhuma coisa pode perseverar por si só na existência, exceto Aquele que subsiste Eternamente Vivo, Subsistindo por si mesmo, e tudo o que é diferente Dele só subsiste por Ele. Se aquele que se ama conhece a si mesmo, saberá que sua existência só adquire plenitude por meio Dele. É uma necessidade que ele ame aquele que cria a plenitude de sua existência, que a conserva, que subsiste por si mesmo e sem o qual toda existência só pode ser ignorância de si mesmo e de seu Senhor. O amor é o fruto do conhecimento."

Al-Ghazali

“Aquele que não tem eira nem beira pode residir em qualquer cidade. O pobre encontra sua morada em qualquer lugar onde a noite o surpreende. O homem sem casa, sem família, que nada tem além do amor de Deus, não o chames portanto de mendigo, pois o príncipe é seu mendigo. O homem de Deus não é estrangeiro nem no levante, nem no poente, porque, onde quer que vá, o reino de Deus é o seu.”

Saadi, *Golestan*

“Aquele que caminhava nas trevas das noites observou as estrelas e acendeu a lâmpada. Até o momento em que, a lua cheia dirigindo sua luz, ele abandonou as estrelas e esperou a manhã chegar. Até o momento em que, tendo a escuridão se dissipado completamente, e depois de ver a aurora brilhar no horizonte, ele abandonou as lâmpadas, todas as estrelas e a lua cheia e espreitou a luz resplandecente.”

Ibn Arabi, *Profissão de fé*

“Às vezes caio nos mares, onda furiosa, transbordo,
caio nas mãos dos ignorantes que me compram barato.
Às vezes subo aos céus e torno-me a roda do destino.
Às vezes inflo com a lua, às vezes giro com o sol.
Às vezes subo ao Arafat[1], digo ‘Eis-me’, descubro-me.

1. Local de prece ao norte de Meca.

Às vezes substituo a vítima, cordeiro, deixo que me imolem.

Às vezes sufi no convento, às vezes pecador na taberna.

Às vezes dançarino na roda, giro, às vezes o alaúde que se toca.

Às vezes prudente, às vezes impetuoso, na multidão me confundo.

Às vezes senhor, às vezes falcão real, caço e deixo que me cacem.

Às vezes oceano, às vezes lago, às vezes sultão, às vezes escravo.

Às vezes primavera, às vezes rosa, de mão em mão desfolho-me.

Não há pousada, nem parada, nem corpo, nem ser humano

Afora Deus, em suma, não há nada, então dizei-me, onde giro?"

Echrefoghlu Rumi

"Jaafar Ibn Muhammad respondeu quando criticaram sua generosidade excessiva:

– Deus tem um certo trato comigo, e eu tenho um certo trato com Ele. Temo que, mudando de trato, ele venha a fazer o mesmo."

Ditado popular

"Aconteceu de um idoso uma manhã decidir empreender uma longa viagem através do deserto para ir ao encontro dos seus. Tolhido pelo reumatismo, corroído pela doença, voltou-se a Deus e disse-lhe: 'Deus Todo-Poderoso, a verdade é que sempre fui um descrente. Um infiel, um menos do que nada. Jamais te invoquei durante toda a minha vida; jamais ergui meu rosto para ti. Hoje, porém, diante desta viagem perigosa, preciso de tua proteção. Se existes, ampara meu esforço. Se existes, leva-me até o termo de meu périplo, pois só a ajuda divina poderia me permitir fazer tamanho esforço.'

Em sua infinita misericórdia, Deus ouviu a prece do idoso e respondeu-lhe: 'Não tenhas medo. Vou te amparar. Em teu caminho pelo deserto, verás o vestígio de meus passos na esteira de teus passos.'

O idoso agradeceu ao Altíssimo e começou sua viagem.

O sol queimava, assim como a terra. Nenhuma sombra, nenhum oásis, nenhum porto. Os dias se passaram, o idoso avançava, voltando-se de vez em quando para se certificar de que os passos de Deus seguiam mesmo os seus.

O cansaço aumentou. E tudo tornou-se apenas um longo calvário. Ao final do oitavo dia, o idoso caiu, esgotado; todas as suas forças o abandonaram. Num movimento que se tornara familiar, olhou por cima de seu ombro para se tranqüilizar. Porém a superfície da areia estava lisa a perder de vista. Já não havia o menor vestígio da presença divina. Então o idoso, em um sobressalto de energia, ergueu o punho para o céu e iniciou um discurso blasfemo: 'Os que proclamavam tua ausência de mansuetude tinham razão! Os que afirmavam tua pouca misericórdia para com tuas criaturas tinham razão! Abandonaste-me quando mais precisava de ti!'

Um momento de silêncio sucedeu o discurso do idoso; em seguida a voz de Deus retumbou sobre o deserto: 'Homem de pouca fé, quando cessarás de duvidar? Já não vês a marca de meus passos por um bom motivo: faz três dias que te carrego.'"

Conto oriental anônimo

"Nunca se poderia contemplar Deus diretamente sem nenhum apoio, pois Deus, em si, é independente dos mundos.

A contemplação de Deus nas mulheres é a mais intensa e a mais perfeita, e o remate mais sublime desta contemplação é o ato de amor."

Ibn Arabi, *Profissão de fé*

"Uma hora para teu coração. Uma hora para teu Deus."

Inscrição no túmulo do califa Omar

"É mentira! Sim, é mentira! Tua mãe certamente se deitou com um escorpião para dar à luz um blasfemo como tu, o Medjdub!

Perscrutei a multidão. Meu acusador estava ali, apontando seu dedo irado na minha direção.

– Por que essa invectiva? Por que me tratas de blasfemo?

– Com que direito ousas nos ordenar crer em um deus desconhecido? Um deus que não pertenceria a nenhuma religião!

– Não mereces minha resposta. Mas concedo-a a ti. Se Deus quisesse que tivéssemos alguma religião, seria por meios tão absurdos que participaria suas ordens? Seria por meio de homens em geral pouco recomendáveis que teria transmitido seu ensinamento? Se Ele é supremo, se é poderoso, se é justo, se é bom, seria por ações banhadas de violência e de sangue que quereria me ensinar a conhecê-lo? Acredito que não. Deus não precisa de intermediário. Soberano motor dos astros e do coração do homem, basta-Lhe nos instruir servindo-se do amor que Ele semeou em cada um de nós quando do nascimento.

Ouve o que diz disto o grande Maimônides: 'Ele é o senhor de todo o universo e de todas as criaturas; todos testemunham Sua grandeza e Sua realeza. Deus é o único que podemos servir e louvar. Não podemos agir assim para com aquele que lhe é subordinado, seja ele um anjo, uma estrela, um dos elementos ou sua combinação. Todos eles têm uma natureza predeterminada e nenhum pode dispor de autoridade ou de livre-arbítrio. Só Deus possui esses atributos. Não convém, portanto, servir essas criaturas, nem torná-las intermediários para nos aproximarmos Dele.'"

Da religião

"Caminha em tua religião sob o estandarte da ciência."

Zamakhcharî

"Temos só religiosidade suficiente para nos odiar, mas não religiosidade suficiente para amarmos uns aos outros."

As mil e uma noites

"A filosofia é companheira da religião e sua irmã de leite."

Averróis, *Tratado decisivo*

"De quem proíbe o estudo dos livros de filosofia a alguém que é apto porque julga que certos homens incorreram em erro porque os estudaram, dizemos que se assemelha àquele que proibiria uma pessoa sedenta de beber água fresca, pronta a deixá-la morrer de sede sob o pretexto de que um dia houve gente que se afogou."

Averróis, *Tratado decisivo*

"Não há coerção em religião."

Maomé, II, 257

"Prefiro o mérito do saber ao mérito das devoções."

Hadith

"E a prece?, pergunta outra voz. O que fazes da prece se ocultas as religiões?

– A prece é indiferente às religiões. Quando, criança, solicitavas a ajuda de teus pais, pensavas em pedir a intercessão do vizinho? Claro que não. Quando estavas doente e a febre queimava teu corpo, invocavas teu primo? Não. Gemias chamando somente tua mãe ou teu pai para que eles se precipitassem para junto de tua cabeceira. Não há nenhuma necessidade de intercessor quando o amor está presente entre os seres e seus genitores. Somos filhos de Alá. O caminho que leva a Ele é um caminho direto que vai de teus lábios aos ouvidos dele. Além disso, ganharias muito mais tempo interpelando-o diretamente em vez de passar por um emissário.

Crê no poder da invocação. E obterás o auxílio que desejas. Crê com todas as forças, sem falhas, e Ele te estenderá a mão. Lembra-te das afirmações de Yeshua. O que dizia a seus companheiros? 'Pedi e ele vos dará; procurai e encontrareis; batei e ele abrirá a porta. Pois todos os que pedem recebem; quem procura, acha; e a quem bate, abrirão a porta.' Quem dentre vós é o homem a quem o filho pedirá pão, e que lhe dará uma pedra? Ou ainda, se ele pedir um peixe, dar-lhe-á uma serpente? Se vós, portanto, que sois malvados, sabeis dar coisas boas a vossos filhos, quantas coisas boas mais vosso Pai que está no céu dará aos que a ele pedem!"

Da prece

"Havia um homem que todas as noites comia iguarias invocando o nome de Deus. Um dia Satã disse-lhe:

'Ó homem sem dignidade, cala-te! Até quando repetirás o nome de Deus? Vês bem que ele não te responde!'

Essas palavras partiram o coração do homem que, nesse estado de espírito, adormeceu. Então sonhou e viu Elias, que lhe dizia:

'Por que cessaste de repetir o nome de Deus?'

O homem respondeu:

'Foi porque não obtive resposta e tive medo de que ele tivesse me expulsado de sua porta!'

Elias disse então:

'Deus nos disse: – Porque aceitei tua prece, continuo a manter esta tua preocupação.

Teu temor e teu amor são pretextos para continuares a ter intimidade com Deus. O simples fato de que continuas orando te anuncia que tuas preces são aceitas.'"

Djalâl al-din Rûmî, *Mesnevi*

"Em qualquer outro além do que sabe, o ascetismo é uma espécie de operação comercial, como se comprássemos com os bens desse mundo os bens da outra vida."

Avicena, *Do conhecimento*

"De todos os fatores de união entre os homens, é certo que a religião – infelizmente – é o fator mais forte."

Yuakim Mubarak

. VI .

A noite prolonga-se, e a multidão ao meu redor forma agora um grande círculo. O sultão dormita em seu palácio. O rio prossegue seu curso sob o olhar indiferente das estrelas.

Quanta injustiça nesse reino! Prevaricações, traições, tirania, morte e opressões, calúnias, violências, honras achincalhadas, desprezo do humano! Desde que o sultão Abdel-Rahman reina em Bagdá e seus arredores, não houve um único dia de felicidade para meus irmãos. A vida é feita de amargura, e o gosto de mel desertou os lábios. Mas sei que as coisas quase não são diferentes nos outros países. Vivemos tempos difíceis, em que já não há lugar para os humildes e para os desfavorecidos. Como escreveu o falecido Yussuf Murad no Al-Majallat*. "Os músculos dos políticos tornaram-se mais fortes do que* *seus corações." As novas regras dos príncipes que nos governam são o ouro e a prata, o lucro ilimitado e sobretudo não distribuído. Até os cães desertam a Cidade Redonda em busca de uma alma que os console. Existe algo mais aterrorizante do que um tirano? Existe, sim! Um tirano de rosto humano que finge agir para o bem de seu povo. Se um dia tiveres as rédeas do poder nas mãos, não esqueças de forma alguma de reler os antigos. Aqueles que recusaram o poder por medo de que ele os devorasse...*

Do poder e da política

"O verdadeiro senhor de um povo é aquele que o serve."

Ibn Khaldun, *Discurso sobre a história universal*

"O monarca que confisca os bens de seus súditos esvazia as fundações da morada para revestir o teto."

Zahiri de Samarcanda, *O livro dos sete vizires*

"Se o sultão arruína os contribuintes arrebatando-lhes os meios de explorar suas terras, comporta-se como o homem que cortaria pedaços de sua própria carne para com eles se alimentar e saciar sua fome."

Jaafar Ibn Yahiâ

"Nenhum déspota ignora que só existem opressão e arbitrariedades possíveis se os indivíduos ignaros estão impregnados de ignorância obscura e de cegueira enganadora."

Al-Kawâkibi

"Quando se derrubam os reis, suas coroas tornam-se calçados, e seus calçados, coroas."

Mikhail Nuaymah, *O crivo*

"Mais vale ser justo por uma hora quando se exerce o poder supremo do que adorar Deus por sessenta anos consecutivos."

Wahhb in Monabbih

"Ama o trabalho e odeia o poder e não te tornes conhecido dos dirigentes."

Capítulo dos padres (século II)

"O homem mais disposto a fomentar uma revolução é muitas vezes aquele que tem menos vergonha de fugir diante do inimigo."

Al-Ahnaf Ibn Qays

"Na natureza inata dos homens, encontra-se a inclinação à tirania e à opressão mútua."

Ibn Khaldun, *Prolegômenos*

"Sabe portanto que a vida tem um objetivo e que o objetivo da vida é o desenvolvimento do fervor. Ora, o principal fervor é a bela paixão dentro da fé.

No entanto, ninguém alcança o fervor a não ser por uma vida impetuosa e apaixonada. E essa vida apaixonada pode ser vivida e realizada em qualquer um dos quatro grandes caminhos da humanidade: o Governo, o Comércio, a Agricultura e os Ofícios.

No que diz respeito ao governo, é necessário que aqueles raros que são chamados a governar o mundo sejam dotados de ciência política, disponham de perfeita sutileza e de habilidade rematada. E em caso algum devem deixar-se conduzir por seu humor, mas por um elevado desígnio cujo fim é Alá, o Altíssimo. E, se orientassem sua conduta por essa finalidade, a justiça reinaria entre os humanos e cessaria a discórdia na superfície da terra. Porém, na maioria das vezes, eles só seguem sua inclinação e acabam cometendo erros irremediáveis. Afinal, um chefe só é útil na medida em que consegue ser justo e imparcial e impedir que os fortes oprimam os fracos e os pequenos: não sendo assim, ele não é necessário.

Ademais, o grande Ardechir, terceiro rei dos persas, um dos descendentes de Sassan, disse o seguinte: 'A autoridade e a fé são irmãs gêmeas: a fé é um tesouro, e a autoridade, sua guardiã.'

E o Sábio disse: 'O rei deve ser o gua
tudo o que é sagrado e dos direitos de seu
rém, antes de mais nada, deve zelar para ma
do entre os funcionários e os guerreiros; pois
ofende o funcionário escorregará e se erguerá

O grande Kesra, rei dos persas, um dia escreveu a seu filho, a quem confiara um exército entre seus exércitos:

'Ó filho, desconfia da misericórdia, ela alienaria tua autoridade; mas tampouco ajas com demasiado rigor, pois ele fomentaria a revolta entre teus soldados!'"

As mil e uma noites

"Disse um califa:

– Indicai-me um homem ao qual eu possa confiar um negócio que me preocupa.

– Em que critérios devo me basear para tal? – perguntaram-lhe.

– Se ele vivesse entre os seus sem ser seu príncipe, deveria ser confundido com um príncipe. E se fosse realmente príncipe, dever-se-ia poder confundi-lo com seus súditos."

Ditado anônimo

"O rei não deve se enfurecer, pois seu poder reside na necessidade que é a ele submetida.

O rei tampouco deve mentir, pois ninguém pode coagi-lo a agir contra seus próprios desejos.

O rei não deve ser avarento, pois não tem a desculpa de temer as privações.

O rei não deve ceder ao rancor, pois sua magnanimidade deve evitar que aja como o comum dos mortais."

Ibn al-Muqaffa

"Sabe que a vida não existiria sem o instinto de vida. E esse instinto foi colocado no homem para que o homem pudesse, com a ajuda de Alá, ser senhor de si e aproveitar disso para se aproximar de Alá, o Criador.

E a vida foi dada ao homem para que o homem pudesse se desenvolver na beleza, ao mesmo tempo em que se postaria acima dos erros. E os reis, que são os primeiros entre os homens, devem ser os primeiros no caminho das virtudes nobres e do desinteresse."

As mil e uma noites

"Um mensageiro arrebatado de júbilo veio dizer a Nûchiverân, o Justo: Deus todo-poderoso acaba de tirar vosso inimigo do mundo. Nûchiverân respondeu: E ao mesmo tempo soubeste que me tornei imortal?"

Saadi, *Golestan*

"Aquele que faz a história deve conhecer as regras da política, a natureza das coisas que existem, as diferenças entre as nações, os lugares, as épocas quanto às condutas humanas, aos temperamentos, aos costumes, às crenças, às doutrinas e a todas as condições que cercam a vida dos homens. Deve estabelecer todas essas coisas no que diz respeito ao presente, destacar as concordâncias e os contrastes com o passado e explicar as semelhanças e as diferenças. Deve saber como foram fundados os Estados e as religiões, quais os motivos que os fizeram triunfar, quais as causas que fizeram com que nascessem e os motivos que justificam sua existência; deve, por fim, conhecer as condições dos homens que os dirigem e sua história. Desta forma obterá uma visão completa das circunstâncias de cada acontecimento, uma apreensão perfeita dos fundamentos de cada informação."

Ibn Khaldun, *Discurso sobre a história universal*

Da freqüentação dos poderosos

"Um cortesão encontrou um filósofo que colhia ervas para comer e disse-lhe:

– Se fosses servir os reis, não precisarias comer ervas!

O filósofo replicou:

– E tu, se comesses ervas, não precisarias servir os reis!"

Ditado anônimo

"Vossa época é vosso sultão. Se quiserdes torná-la boa, cuidai para escolher o sultão certo."

Ditado anônimo

"Aquele que mistura o dinheiro do sultão com o seu assemelha-se ao navio no mar; se as ondas entram pelos flancos do navio, o todo desaparece no flanco do mar."

Jaafar Ibn Charaf

"A melhor Djihad (luta) é uma palavra justa dirigida a um sultão injusto."

Hadith

"Assim sois, assim sereis governado."

Provérbio do Sul do Líbano

"Se queres que te obedeçam, ordena o que é factível."

Rustem, Ibn Dastâm, rei persa

"Evitai exigir aquilo pelo que seria necessário pedir desculpas."

Hadith

"No decorrer de uma reunião, o califa Al-Mansur disse aos chefes de seus exércitos:

– O beduíno tem razão quando aconselha: 'Priva teu cão de alimentos, e ele te seguirá; empanturra teu cão, e ele te comerá.'

Então Abd Al-Abbas al-Tuci observou:

– Ó príncipe dos crentes, teme que um outro que não tu mostre pão e que o cão te abandone para segui-lo."

Provérbio popular

"Se tua galinha se puser a cantar como um galo, trata de a degolar."

Provérbio popular

"O cão de um príncipe também é príncipe."

Provérbio popular

"Aquele que come à mesa do sultão arrisca-se um dia a ser estimado por seu sabre."

Ditado popular

"Aquele que freqüenta os reis deve entrar cego e sair mudo."

Abdallah Ibn Tâhîr

"Um rei ordenou que executassem um inocente. Ó rei, disse o infeliz, cuidado para que tua cólera não faça mal a ti mesmo! O que queres dizer?, perguntou o rei. Digo que meu suplício vai acabar comigo daqui a um momento, enquanto o teu vai começar, para durar até tua morte."

Saadi, *Golestan*

Porém não são só os reis e os príncipes que gerem nosso destino. À sombra dos palácios, longe do ouro e dos faustos, existem igualmente homens de grande poder. Quando é livre de qualquer entrave e de qualquer influência nefasta, esse poder é essencial para o equilíbrio da sociedade. Quero falar dos "cádis", os juízes; esses homens cujo ofício é decidir, separar o joio do trigo, o dia da noite, o criminoso da vítima.

É uma missão tão sagrada que devem cumprir. Julgar corretamente é pronunciar-se com razão e conhecimento, afastado das influências, de onde quer que venham. Está escrito no Grande Livro: "Cessai de julgar pela aparência; julgai de acordo com a justiça." Ora, nada é mais difícil do que julgar de acordo com a justiça. Com toda a imparcialidade.

Dos juízes

"Agora quero te narrar algumas palavras dos Sábios. Sabe, ó rei, que um cádi, para tornar um julgamento realmente justo, deve fornecer provas evidentes e tratar as duas partes com toda a igualdade, sem demonstrar mais respeito pelo acusado nobre do que pelo acusado pobre; mas sobretudo deve tender a reconciliar as duas partes entre si.

E, particularmente na dúvida, deve refletir longamente, e tornar várias vezes a seu raciocínio, e abster-se caso a dúvida continue. Porque a justiça é o primeiro dos deveres, e voltar à justiça, quando se foi injusto, é muito mais nobre do que sempre ter sido justo, e muito mais digno de mérito diante do Altíssimo. E não se deve esquecer que Alá, o Altíssimo, pôs juízes na terra só para julgar as coisas aparentes, e reservou apenas para Si o julgamento das coisas secretas.

É dever do cádi jamais tentar arrancar confissões de um acusado submetendo-o à tortura ou à fome. Aliás, Al-Zahri disse: 'Três coisas degradam um cádi: quando revela condescendência ou respeito para com um culpado de destaque, quando gosta de elogios e quando teme perder sua posição.'"

As mil e uma noites

"Infeliz do país cujos juízes merecem ser julgados!"

Talmude

"Jamais brigues com um juiz ou com um tolo. O juiz sempre encontrará um meio de te vencer; o tolo sempre conseguirá te prejudicar."

Abdallah Ibn Al-Abbas

"Para a ordem do universo, mais vale a justiça sem religião do que a tirania de um príncipe devoto."

Djâmi, *Beharestân*

"O excesso de severidade produz o ódio; o excesso de indulgência enfraquece a autoridade."

Saadi, *Debate sobre o amor*

. VII .

Mas será que um povo escolhe realmente seu rei? O advento de um dirigente não está inscrito na própria história desse povo, da mesma maneira que estão inscritos a hora, o ano, o lugar de um encontro inesperado? Trate-se da descoberta de um novo amigo, ou de um novo amor, do mal e do bem, da fortuna ou da miséria, todos esses acontecimentos que formam o tresmalho infinito de nossas existências não estariam determinados de antemão? Nós, do Oriente, acreditamos em algumas coisas. Coisas que as pessoas do Ocidente consideram absurdas e até ridículas. O mau-olhado faz parte dessas crenças, mas também, e principalmente, a predestinação. Os orientais estão convencidos de que tudo já está escrito no "Manuscrito das estrelas". Nossas alegrias, nossos pesa-

res, nossos amores, a hora de nosso nascimento e de nossa morte. Como se recusam a aderir a esta filosofia, os ocidentais preferem usar os termos Providência, coincidência ou ainda acaso quando ocorrem eventos extraordinários. Ora, todos sabem que o acaso não existe, é simplesmente o pseudônimo de Alá quando ele quer conservar o anonimato.

Na verdade, cada um de nós tem um papel. Muitas vezes, ele só consiste em ser um simples inspirador, às vezes um instigador. É assim que ocorre irrompermos na vida desta ou daquela pessoa no momento preciso em que ela está na encruzilhada dos caminhos. Voluntariamente ou não, influiremos em suas escolhas. Essa pessoa optará por esta ou aquela direção e, com isso, todo o seu futuro se transformará... Lembra-te das palavras de um sábio: "Tudo o que acontece de importante a qualquer um era imprevisto e imprevisível. Quando nos curamos da curiosidade, falta certamente curarmo-nos também da prudência..."

Do destino, Mektub

"E lembra que o destino está amarrado no pescoço do homem."

Abu Hafs Haddad

"Quando Alá quer que uma ação se realize, ele antes fornece-lhe o pressentimento. Nenhum meio pode impedir que a decisão se efetue ou adiar as conseqüências de seu julgamento."

Al-Fath Abu Nasr

"Despojado da noção desagradável de arbítrio, o fatalismo predispõe à intrepidez, à bravura e às qualidades de coragem e valentia."

Mohammed Abdu Abdel-Malek

"A existência não é um dado, uma coisa imposta; concretizamos a existência pelo nosso assentimento e pelo valor que atribuímos a ela."

Yussuf Murad

"Não existe outra ciência além da ciência do destino, pois eu, com toda a minha ciência, com todos os meus manuscritos, e com meus livros, e meu tinteiro, não conseguiria contrabalançar a força do Destino nem por um único dia. E os que apostassem em mim só conseguiriam perder suas apostas."

As mil e uma noites

"Disse o Profeta: Deus encarregou das matrizes um anjo que dirá: 'Senhor, uma gota de esperma; Senhor, um coágulo de sangue; Senhor, um pedaço de carne.' Depois, quando Deus quiser terminar a criação, o anjo dirá: 'Senhor, um menino; uma menina; um infeliz; um feliz. Como será sua subsistência? Como será o termo de sua vida? Tudo isso será escrito enquanto ele estiver no ventre da mãe.'"

Hadith

"Passa a noite, o espírito livre. Enquanto teu olho estiver fechado pelo sono e sem que imagines, Alá traça teu caminho de amanhã."

Xeque Abu'l-Abbâs Qassâb

"O destino tem uma mão dividida em cinco dedos. Ele submete infalivelmente o homem às suas vontades.

Pousa dois dedos sobre seus olhos.

Dois outros nos ouvidos.

E, pousando o quinto sobre os lábios, diz-lhe: 'Cala-te.'"

Sarî Saqati Abu al-Hassan

"É melhor terminar a vida com os bons dias do que começar por eles."

Ditado berbere

"Quando o destino quer que sejas bigorna, tem paciência; e, quando fores martelo, bate!"

Provérbio popular

"Bem cedo, um homem apresentou-se no palácio do profeta Salomão, lívido, os lábios azulados.

Salomão perguntou-lhe:

'Por que estás nesse estado?'

O homem respondeu-lhe:

'Azrael, o anjo da morte, lançou-me um olhar impressionante, cheio de cólera. Suplico-te, ordena ao vento que me leve à Índia para a salvação de meu corpo e de minha alma!'

Salomão então ordenou ao vento que fizesse o que o homem lhe pedia. E, no dia seguinte, o profeta perguntou a Azrael:

'Por que lançaste um olhar tão inquietante sobre este homem que é um fiel? Ele ficou tão amedrontado que abandonou sua pátria.'

Azrael respondeu:

'Ele interpretou mal o olhar. Não o olhei com cólera, mas com surpresa. De fato, Deus me ordenou que fosse arrebatar sua vida na Índia e perguntei-me: – Como ele poderia ir até a Índia se não tem asas?'

De quem foges? De ti mesmo? Isto é impossível. Mais vale confiar na verdade."

Djalâl al-din Rûmî, *Mesnevi*

"Quando as almas são grandes, os corpos esgotamse para satisfazer seus desígnios."

Al-Mutannabi

"Teu destino te procura e te encontrará."

Al-Mutannabi

"Muitas vezes o puro acaso é preferível a um encontro certo."

Dito popular

"A vida de um homem é a lembrança que ele deixa, não a duração que sua vida cobriu."

Al-Amir Abû al-Fadl

"Se Alá predestinou um homem a morrer em um lugar específico, cria no coração desse homem a necessidade de ir até lá."

Abu Hafs Haddad

"O que é escrito por Deus na fronte do homem não pode ser apagado pela mão do homem."

Abu Hafs Haddad

"Muitas vezes o cego, o cego de nascença, sabe evitar o fosso onde o clarividente, o homem esclarecido, cairá. Muitas vezes o insensato sabe evitar as palavras que, pronunciadas pelo sábio, provocarão a perda do sábio e do erudito. Muitas vezes, o devoto, o crente, sofrerá a miséria, enquanto o ímpio, o louco será venturoso. Por isso, que o homem conheça bem sua impotência! Nesse mundo só reina a fatalidade!"

As mil e uma noites

"A resignação é uma fraqueza do homem."

Provérbio curdo

"O que foi, será; o que foi feito será refeito, e não há nada de novo sob o sol."

Eclesiastes

"Para todos os que vivem, há esperança; e até um cão vivo vale mais do que um leão morto."

Eclesiástico

"Se a sorte te sorri, por que corres? Se ela não te sorri, por que corres?"

Dhû'l-Nûn al-Masri

Lá longe, à distância, adivinham-se os vestígios de Samarra. Dessa cidade magnífica, concorrente de Bagdá, restam apenas algumas fachadas. Já faz muito tempo que os califas e os príncipes a desertaram, trocando-a pela Cidade Redonda. Já faz muito tempo que os palácios, outrora grandiosos, ruíram, vítimas das ingratidão de seus habitantes. Samarra adormeceu para sempre.

Certas noites é possível ouvir os lamentos que sobem das muralhas desmoronadas. Eles pronunciam a dor da ausência. Onde foram parar o ouro dos cortejos reais, e os brocados, e os cantos, e o eco dos cavalos galopando, à rédea solta, ao longo das pistas arenosas do hipódromo que constituía a grandeza de Samarra?

As cidades morrem, como morrem seus habitantes. Outras as substituem antes de, por sua vez, desaparecerem. Assim transcorre a vida. Esforcemo-nos por compreender, por finalmente adquirir a sabedoria antes que seja tarde demais, antes de nos parecermos com as cidades abandonadas.

No fundo, o que é a sabedoria? Uma palavra vaga? Uma linha de conduta afirmada? Uma filosofia? Uma maneira de enxergar a vida?

Conta-se que o rei Salomão pediu ao Todo-Poderoso a sabedoria antes de qualquer outra coisa. Um dom que lhe foi concedido e graças ao qual ele foi capaz de falar com os animais, de conhecer o nome das plantas, das árvores, "desde o cedro do Líbano até o hissopo[1] das muralhas".

Para nós, os orientais, o termo sábio significa muitas coisas. Ser sábio é ter inteligência das realidades. É o que se diz do rei porque ele sabia de cor o nome de todos os quadrúpedes, das aves, dos répteis e dos peixes.

Ser sábio também é ter o dom de compreender os provérbios, os sentidos misteriosos, as máximas e os enigmas. O rei sábio também é considerado adivinho. Ser sábio é, ainda, "adquirir a justiça, a eqüidade, a retidão", essas virtudes que procedem de Deus, pois "o temor de Iavé é o início da sabedoria"; portanto, é também ter o conhecimento de Deus.

É a sabedoria que revela a disposição do mundo, as virtudes dos elementos, o começo, o fim e o meio dos tempos.

1. Arbusto de flores azuis proveniente das regiões mediterrânicas. Como é bem pequeno, costuma-se opô-lo ao cedro.

Infelizmente, essa virtude não pode ser transmitida. Pr cisamos descobri-la por nós mesmos, dia após dia. Percorre sozinhos uma longa estrada tendo ao final a certeza da serenidade interior...

Da sabedoria

"Ó corpo desprovido de razão! Para mim, mais vale a sabedoria do que o alimento e o sono. O homem sensato não ignora que um asno também dorme e come; eu, portanto, um homem sensato, tenho vergonha de me comportar como um asno. Não ficarei sempre contigo, meu corpo, neste mundo, porque Deus vai me chamar para uma outra morada um dia. Aqui embaixo, talentos e virtudes, são estes o verdadeiro trabalho do homem, não o alimento e a bebida; portanto, estes cabem a ti; mas a mim cabem a sabedoria e o conhecimento. Grande número de criaturas abandonou este mundo antes de mim; embora eu ainda me demore nele, já podeis me contar como morto. Crede que um dia, tal como um pássaro, fugirei voando para o céu, sublime cúpula, nas asas da oração."

Nasir

"A boca dos sábios situa-se no coração. O coração dos loucos situa-se na boca."

Provérbio popular

"Existem céus no reino da alma que governam os céus desse mundo."

Sana'i

"Sulfian disse: 'A sabedoria que é invisível mas sustenta é cem vezes melhor do que a aparência da sabedoria, pois esta deve ser ela própria sustentada.'"

Pensamento sufista

Conselhos para tentar domar a sabedoria

"Não sejas terno demais, as pessoas te coagirão, nem seco demais, as pessoas te quebrantarão."

Abi Ibn Abu Taleb

"A ambigüidade de teus desejos é teu pior inimigo. Que Deus te proteja de tudo o que inquieta teus amigos e faz teus inimigos rirem, de cair em desgraça ou de sofrer um castigo inesperado."

Hadith

"Se consegues caminhar sobre a água, não tens mais habilidade do que uma palha. Se consegues voar no ar, não tens mais habilidade do que uma mosca. Conquista teu coração, então tornar-te-ás alguém."

Sufi Ansari

"Teu inferno, antes do que o paraíso de um outro."

Sufi Ansari

"Nunca te metas entre a cebola e sua casca."
(Não te metas nas coisas dos outros.)

Dito popular

"Pila a água, ela continuará a ser água."

Ibn al-Muqaffa

"Qual o melhor dom que um homem pode possuir?, perguntou-se a um sábio.

– Um bom raciocínio – ele respondeu.

– E se não o tiver?

– Uma ciência a aprender.

– E se for privado disso?

– Uma palavra sincera.

– E se esta não lhe for concedida?

– Um longo silêncio.

– E se não o conseguir?

– Então uma morte iminente."

Ibn al-Muqaffa

"Ó amigo, considera os desejos de tua alma e examina qual é sua condição diante da Lei. Se esta te prescreve realizá-los, realiza-os. Se, contudo, ela te prescreve não os realizar, desiste. Se, contudo, após te interrogares e constatares que do ponto de vista legal é preciso renunciar, se portanto teu desejo predominar, e desdenhares a lei, estou convencido de que estás errado neste ponto, mas que, contudo, serás recompensado por diferentes razões: porque te perguntaste sobre a condição legal do problema antes de realizar teu ato: porque tua crença na Lei foi bastante forte para que te perguntasses qual é tua posição a respeito dessa questão; porque estavas convencido, depois de saberes que a coisa era proibida, de que era preciso rejeitá-la: porque te baseaste no fato de que Alá perdoa e é muito misericordioso, de que elimina os pecados e perdoa as ofensas, e porque tiveste no caso uma opinião boa de Deus; e também porque não tinhas como objetivo transgredir as proibições divinas: finalmente porque estavas convencido de antemão do que a predestinação e o decreto divino estabeleciam para ti quanto à realização desse ato, como foi igualmente o caso na história de Eva com Adão.

Estas são as inúmeras razões pelas quais serás recompensado apesar de tua desobediência, pois só és culpado sob um único ponto de vista: ter realizado esse ato que não passava de um desejo da alma. Às suas diferentes razões acrescenta-se ainda o fato de que esse ato te afligiu porque, como disse o Enviado de Deus: 'o crente é aquele que se rejubila com sua boa ação e se aflige com sua má ação...'"

Ibn Arabi, *Profissão de fé*

"O que fazer, pergunta um auxiliar, para que se tenha menos pesares na vida?

– Se um homem sensato – responde o sábio – tem um coração paciente, chegará ao contentamento. Será justo quando der e quando tomar, e fechará assim a porta da perversidade e da perdição. Perdoará os erros quando for senhor e não se deixará arrebatar pela raiva e pela impaciência.

– Ó sábio – diz alguém –, o que um homem sensato aprova mais?

– Aquele que cultiva sua inteligência jamais lamenta o que lhe escapa; e, se uma coisa que lhe é cara é pisoteada na poeira, não se deixa arrebatar pela decepção e pela dor. Arranca de seu coração qualquer esperança das coisas impossíveis, como o vento arranca as folhas do salgueiro.

– Que rei julgas ser o melhor?

– Aquele que garante a segurança do homem honesto, cujo caminho é o terror do malvado, cujo trono fornece a paz ao mundo."

Firdusi, *O livro dos reis*

"No momento em que a caravana parou para descansar, perdeste teu camelo. Procuraste teu animal por toda parte. Por fim, a caravana tornou a partir sem ti, e a noite caiu. Todo o teu carregamento ficou no chão e perguntaste a todos:

–Vistes meu camelo?

Até acrescentaste:

– Darei uma recompensa a quem me der notícias de meu camelo!

E todos zombaram de ti. Um disse:

– Acabo de ver um camelo ruivo e bem gordo. Foi naquela direção!

Outro:

– A orelha de teu camelo não estava cortada?

Outro:

– Ele não tinha um tapete bordado sobre a cela?

Um outro, ainda:

–Vi marchando naquela direção um camelo com o olho furado!

Todos te deram pistas de teu camelo na esperança de aproveitar tuas prodigalidades. No caminho do conhecimento, muitos são aqueles que evocam os atributos do desconhecido. Mas tu, se não sabes onde está teu camelo, reconheces a mentira de todos estes indícios. Até encontras gente que te diz:

– Eu também perdi meu camelo! Vamos procurar juntos!

E, quando por fim aparece alguém que te descreve realmente teu camelo, tua alegria não tem limites e fazes desse homem teu guia para encontrar teu camelo."

Djalâl al-din Rûmî, *Mesnevi*

"Ó sábio, deves amadurecer teu projeto por muito tempo e jamais deves te apressar em tuas resoluções! E sobretudo quando és escolhido para ser um juiz da terra.

Ó juiz, não julgues com severidade e encontrarás a misericórdia para ti quando de teu dia fatal.

E jamais esqueças que não existe na terra mão tão poderosa que não possa ser baixada pela mão de Alá.

E não esqueças que o homem ímpio e tirânico sempre encontrará um tirano que o oprimirá."

As mil e uma noites

"O sábio trabalha. O ignorante espera."

Provérbio popular

. VIII .

Desejei a inteligência, e ela não me foi concedida; invoquei o Senhor, e o espírito de sabedoria não chegou a mim.

Gostaria tanto de saber o que é, desejaria tanto conhecer a disposição do mundo, as virtudes dos elementos, o começo, o fim e o meio dos tempos. Mas conservo a esperança. Doravante és tu que garantirás o prosseguimento da missão. Graças a ti, obterei a redenção de meus pecados e o perdão por minha imprevidência.

Se te lembrares pelo menos de algumas frases soltas de minha arenga, de algumas sílabas dessas frases redigidas pelos antigos, por aqueles que sabiam. Então o horizonte ficará mais claro, as nuvens desaparecerão e me serão revelados os textos que não tive a sabedoria de decifrar. Saberei enfim dominar as palavras, e já não me exprimirei a torto e a direito como as crianças. Com a diferença de que as crianças proclamam verdades concebidas na inocência, enquanto os adultos, desprovidos de sabedoria, proferem mentiras geradas pelo falso saber.

De que serviria toda a sabedoria do mundo se fôssemos incapazes de dominar o verbo? Um sábio que fala demais não passa de um tolo. Quantas palavras pronunciamos, lançadas à toa, que escapam de nossos lábios sem que tenhamos nos dado o tempo de refletir! Ah! Se pelo menos os homens tivessem consciência da importância das palavras, tantas guerras teriam sido evitadas, tantos amores não teriam conhecido a desilusão ou a traição. Uma palavra pode alegrar, outra pode matar com tanta certeza quanto a lâmina mais afiada. Nossa língua é um arco, como escrevia Abu Shakur. "Assim como ocorre com a flecha que escapa do arco, não se vê a palavra que escapa da boca voltar." E quando a flecha se planta no coração do outro, é tarde demais.

Da palavra e dos benefícios do silêncio

"Se aquilo que quiseres dizer for menos bonito que o silêncio, cala-te."

Ditado popular

"A desgraça do ser humano é sua língua."

Nasser Khosrow

"A menor qualidade que um homem de honra deve ter consiste em guardar um segredo.

A maior qualidade consiste em esquecer esse segredo."

Al-Muhallab

"Aquele que ouve maledicências é ainda mais culpado do que aquele que as transmite."

Al-Fadl Ibn Sahl

"Ouvir é precioso para quem escuta."

Provérbio popular

"Quando a língua é comprida, o espírito é curto."

Califa Al-Mu'tadi bi'llah

"Se aquele que fala é louco, que aquele que ouve seja sensato."

Provérbio marroquino

"A língua é o espelho da alma."

Ali Ibn Abu Taleb

"És senhor da palavra não dita. Da palavra pronunciada, tu te tornas escravo."

Provérbio popular

"Duas coisas podem nos prejudicar: calar-nos quando devemos falar; falar em vez de nos calarmos."

Saadi, *Golestan*

"O silêncio é uma sabedoria; dele procedem todas as sabedorias; se o filhote da rola não arrulhasse, não atrairia o filhote da serpente que está vagueando."

O Medjdub

"Tua palavra é como tua filha: sabe onde colocá-la."

Provérbio popular

"Que jamais a beleza da palavra abra caminho a atos repreensíveis."

Muhammad Ibn Mansur

Sentado nos degraus, ouço o rumor do rio que embala a noite. O rio que segue seu curso, imperturbavelmente, como os astros que o encimam.

Guerras, loucuras, glória, posse. O rio e as estrelas ignoram a rapacidade do homem. A natureza vibra e desabrocha. O vento do deserto faz a cabeleira das palmeiras dançar. Os oásis dormitam, tranqüilos. Tantos milagres que se sucedem em perfeita harmonia, longe da fúria e da algazarra.

Ah, se pelo menos fruíssemos o mesmo desapego! Se soubéssemos nos distanciar de tudo o que é transitório. Dize-te que o homem só se afirma plenamente quando aprende a não se interessar pelo supérfluo. Não se trata de abandonar o mundo e abrigar-se em uma torre de marfim. Não. Pelo contrário. Libertar-se do inútil permite aproximar-se mais completamente do essencial. "Daquele que estende as mãos com demasiada avidez para agarrar os bens deste mundo, a linguagem popular diz que é interesseiro: é o desinteresse, o contrário deste interesse, que é realmente um valor elevado do homem."

Do desapego

"Desdenha o que os homens possuem, e serás amado pelos homens."

Hadith

"O escravo é um homem livre se comanda seus apetites.

O homem livre será escravo se for submisso a seus prazeres."

Yussuf Ibn Ishaq Al-Kindi

"Se a lua está contigo, não te preocupes com as estrelas."

Sarî Saqati Abu al-Hassan

"A ascese é aliviar-se de três fardos: as paixões, os bens materiais e as relações. Acima das paixões, tornamos a encontrar a serenidade. Livres dos bens materiais, eis-nos mais ricos. Não contar com suas relações: elas estão a nosso serviço."

Dhû al-Nun

"A felicidade está no esquecimento da existência."

Sarî Sagati Abu al-Hassan

"A verdadeira honra está na vida de nômade."

Abdel al-Kader Ibn Muhyi al-din Hassan, *Escritos espirituais*

"Ó tu que não tens nenhuma idéia da felicidade! Sabe que aquele que não consegue renunciar à sua vida não é homem."

Attar, *O colóquio dos pássaros*

"Uma casa, uma roupa, o alimento para um dia bastam para aquele que morrerá amanhã; mais de um morre no meio do dia, e metade do alimento se perde."

Ibn abi Talib Ali

"Um homem eminente, que viajara muito ao redor do mundo, gostava de dialogar. Disseram-lhe: 'Ó companheiro esclarecido, viste alguém de quem queiras falar?' Ele respondeu: 'Viajei por sete climas, mas no mundo inteiro vi apenas um homem e meio. A unidade era um homem que permanecia em um canto não falando nem bem nem mal de ninguém. A metade era um homem excelente pelo fato de só falar bem das pessoas.' Enquanto o bem e o mal te acompanharem, não terás nem um coração clarividente, nem uma alma consciente; mas quando ambos te abandonarem, tua alma será absorvida pelo segredo da santidade."

Attar, *O colóquio dos pássaros*

"Percorreste o mundo? Tudo o que viste não é nada. Tudo o que ouviste ou entreviste não é nada. Tua vida era apenas passarela, lançada em vão entre dois vazios. Oraste em teu tapete? Tudo isto ainda não é nada."

Omar Khayyam, *Rubaiyat*

"Nada tenho sobre a terra que me pese ou prenda; não tenho móveis, nem esposa rabugenta, nem casa! Ó meu coração, estás leve!"

As mil e uma noites

"Infeliz daquele que seus cabelos brancos
advertiram e que ainda está preso
aos desvarios da adolescência!"

Al-Qâsim al-Harîrî, *O livro dos demônios*

"Comporta-te no mundo aqui de baixo como se fosses estrangeiro ou alguém de passagem."

Hadith

"Da mesma forma que não podemos nos dirigir ao mesmo tempo para o Oriente e para o Ocidente, não podemos reunir em uma mesma mão o dinheiro e a glória."

Abu Tammân

Um homem que soube se desapegar das coisas terrenas adquire quase que naturalmente o sentido da prudência e da previdência. Vê o que os outros não vêem. Pressente naquilo em que o comum perdeu todo espírito de antecipação. Pressentir, prever, são qualidades essenciais que te permitirão enfrentar os sobressaltos da vida. Como o marinheiro que sabe ler no vento os humores do mar, também saberás te proteger antes que se desencadeie a tempestade.

Da prudência e da previdência

"Em uma querela, não te enganes quanto ao valor de um adversário fraco; o mosquito não ensangüenta a pálpebra do leão?"

Al-Mutannabi

"Se possuis uma casa de vidro, cuidado para não jogares pedras."

Provérbio líbio

"Se tens familiaridade com os grãos, não te surpreendas se um dia fores comido por galinhas."

Provérbio líbio

"Mais vale a contemporização, cuja conseqüência poderia ser perder uma boa oportunidade, do que a precipitação, cuja conseqüência poderia ser um desastre."

Ibn abi Talib Ali

"Que aquele que não tem cérebro tenha pelo menos pernas."

Provérbio popular

"Se um tratante te beijar, conta teus dentes."

Provérbio popular

"Jamais bebas da fonte dos príncipes."

Ibn al-Muqaffa

"O imprudente que recai em sua loucura é como o cão que volta ao que vomitou."

Livro dos provérbios

"A previdência e a prudência são duas montarias. Usa indiferentemente qualquer uma das duas para alcançar o sucesso."

Omar Ibn al-Khattâb

"Quando, de dois adversários, um vier falar contigo com um olho furado, não lhe dês razão antes de ver o outro que talvez tenha perdido os dois."

Ibn al-Muqaffa

"Antes de perguntar pela casa, informa-te sobre o vizinho."

Provérbio popular

"Mais vale um pássaro na mão do que dez na árvore."

Provérbio popular

"Mais vale um carneiro alerta do que um leão adormecido."

Provérbio curdo

"Não discutas o preço do peixe que ainda está no mar."

Provérbio curdo

"Quem dorme sobre um tapete espesso acredita que o inverno é clemente."

Ditado berbere

"Um dia, um falcão disse a um pato:

'Vem morar na pradaria. Lá encontrarás a felicidade. Abandona teu lago para vires comigo.'

O pato respondeu:

'Vai embora! Para os de nossa espécie, a água é a fortaleza da alegria!'

Para o pato de nosso ego, Satã é como o falcão.

Olha duas vezes para ele antes de abandonar teu lago!"

Djalâl al-din Rûmî, *Mesnevi*

"Não acues o covarde: tu o tornarias corajoso."

Ibn Hazm, *O colar da pomba*

"É quando chove que se devem encher os jarros."

Provérbio popular

"Jamais afugentes um cão sem saber quem é seu dono."

Provérbio popular

"O arbusto que produz a rosa também produz o espinho."

Provérbio popular

"Aspirar é o capital do homem arruinado."

Provérbio popular

"Deixa o lugar que não és capaz de ocupar."

Provérbio popular

"Mais vale um ovo que tens do que uma galinha que terás."

Provérbio popular

. IX .

Estás lendo minhas palavras, irmão, irmã e, quem sabe? Pode ser que elas despertem em ti sentimentos ou lembranças tristes. Porque, tenho certeza, conheces essa mistura indefinível que torna a alma vaga e o olhar distante. Uma mistura feita de tristeza e de melancolia: o primeiro sentimento nos faz suspirar; o outro nos faz sonhar; a tristeza às vezes queima nosso coração quando as imagens dolorosas das desventuras passadas retornam; já a melancolia não tem causa definida, é uma inclinação súbita e descontrolada para entrever a vida por trás de uma cortina de chuva.

Ninguém – a não ser que tenha um coração de pedra ou coração algum – escapa desses estados de espírito. Sobrevém um momento em que quase todos os seres sensíveis caem na melancolia; são atormentados por uma inquietação vaga que passeia por toda parte e que não encontra nada que a acalme.

Dizia um sábio que a melancolia não passa de fervor que arrefeceu. Mas é também uma maneira de vagar em busca de si mesmo. Não se deve rejeitar esses instantes, pois dize-te que só valemos o que nossas inquietações e nossas melancolias valem.

Da aflição e da melancolia

"Interrogou-se um beduíno sobre as lágrimas que derramava. Ele respondeu:

– Não sabeis que o pranto é o anjo da guarda dos corações?"

Dito popular

"O tormento da presença é pior do que o tormento da ausência. Na presença, existe todo o receio da separação. Na ausência, só existe a esperança do reencontro."

Djâmi

"O paraíso regurgita do que se detesta. O inferno está cheio do que se deseja."

Hadith

"Sabe que o primeiro ser que Deus criou foi uma essência de luz, cujo nome é Inteligência. Essa tradição o diz: 'O primeiro ser que Deus criou foi a inteligência.' E Deus Altíssimo dotou essa essência de três propriedades: o conhecimento de Deus, o conhecimento de si mesmo, o conhecimento do fato de que a princípio ela própria não era e depois começou a ser. Por aquela de suas propriedades que se vincula ao seu conhecimento de Deus, manifestou-se a beleza. Por aquela de suas propriedades que se vincula ao seu conhecimento de si, manifestou-se o amor. Por aquela de suas propriedades que se vincula ao seu conhecimento da anterioridade de seu não-ser sobre o seu ser, manifestou-se a nostalgia.

E esses três seres, Beleza, Amor, Nostalgia, que desabrocharam de uma mesma fonte original, são irmãos um do outro. Beleza, que é o primogênito, contemplou a si mesma. Teve uma visão de si mesma como sendo o Bem supremo; o irmão alegria nasceu nela, e ela sorriu. Então milhares de Anjos da mais alta categoria manifestaram-se, desabrocharam a partir desse sorriso. Amor, o irmão do meio, era o companheiro habitual de Beleza. Ele não conseguia parar de contemplá-la e permanecia a seu serviço como servidor assíduo. Quando viu o sorriso de Beleza, uma vertigem de loucura dele apoderou-se; ficou transtornado. Quis fazer um movimento, ir embora. Mas Nostalgia, o irmão mais novo, pendurou-se nele. É desse pendurar da nostalgia estreitando o amor que nasceram o céu e a terra."

Sohravardi, *O arcanjo purpureado*

"O único afastamento verdadeiro que existe é o afastamento do coração."

Sohravardi, *O arcanjo purpureado*

Mas, se por vezes a melancolia propicia a elevação da alma, cuidado para não te comprazeres com esse estado. Dize-te que além da monotonia, permanecem sempre a esperança e a felicidade. Só é preciso ser paciente. Não existe caminho longo demais para quem caminha lentamente e sem se apressar: não existem vantagens distantes demais a quem se prepara para elas pela paciência. A paciência é a arte de ter esperanças. Acredita também na sorte, ela é uma amiga quando se sabe solicitá-la. É uma cortesã que só pede para ser cortejada. É uma virtude grande e rara, a paciência, saber esperar e amadurecer, corrigir-se, recuperar-se. A sorte pode mudar. A paciência e a perseverança podem muito.

É preciso acreditar.

Da sorte e da paciência

"Enquanto a sorte te sorri, teus defeitos permanecem escondidos."

Ali Ibn Abu Taleb

"Toda árvore foi um arbusto."

Provérbio curdo

"Percorri o mundo sem jamais encontrar cidade ou país onde se vendesse a sorte na feira."

Orfi Shirazi

"Caminha com sandálias até que a sabedoria te forneça sapatos."

Avicena, *Da ciência*

"Tornamo-nos poderosos graças às nossas próprias forças ou graças à Fortuna? A fortuna e o talento formam um casal; são como o corpo e a alma; o corpo é o instrumento do esforço, mas não produz poderio se não é auxiliado pela fortuna."

Buzurdjmihr

"A revanche do oprimido é muitas vezes mais terrível do que a opressão do tirano."

Ali Ibn Abu Taleb

"Se o felizardo cai no mar, sai dele com um peixe na boca."

Provérbio popular

"Se os golpes que recebeste te exasperam, como te tornarás um espelho límpido sem ter sido polido?"

Djalâl al-din Rûmî

Da fé

"Se vossa fé for do tamanho de uma semente de mostardeira, direis a esta montanha: 'Move-te daqui para lá', e ela se moverá, e nada vos será impossível."

Jesus, *Evangelho segundo São Mateus*

"Permanece diante da porta se quiseres que a abram para ti.

Não abandones a estrada se quiseres que te guiem.

Nada jamais está realmente fechado, a não ser teus olhos."

Attar, *O livro divino*

"Uma mente sã em um corpo são", dizia o velho. Quando a doença se instala e governa o corpo, o corpo deixa de governar o pensamento. Nossos médicos foram os melhores. Sabias? Galieno e, antes dele, Hipócrates abriram o caminho, e depois a tocha passou para as mãos do Oriente.

Abul al-Cassis foi inigualável, Ibn Roshd, conhecido pelo nome de Averroés, também esteve próximo do gênio. Ali Ibn Sina, Avicena, certamente mereceu seu apelido de cheikh el-rais, *o príncipe dos médicos. Foi ele quem redigiu para o uso de muitas gerações de eruditos uma obra monumental, organizada em cinco volumes, na qual codificou todas as noções e as experiências adquiridas até a sua época. Coletânea tão preciosa... Mas estou fugindo do assunto... Na verdade, a medi-*

cina conquistará seu maior triunfo quando descobrir o meio de nos permitir ignorar a doença, a fadiga e o temor. Pois a verdadeira saúde não consiste apenas em uma ausência de doença ou de enfermidade, mas em forjar para nós um estado de serenidade que nos permita rejeitar qualquer tentativa de desequilíbrio. Como afirmava Ibn Sina: "Todos os temperamentos enquadram-se em três tipos principais: bilioso, sangüíneo e seco. No dia em que uma causa qualquer vem perverter ou transformar um desses temperamentos, ela basta para criar a fragilidade. Entre os indivíduos, há os que têm em sua constituição uma predisposição para contrair doenças. Porque, e isto é muito importante, se apenas a causa agente encontra um organismo não predisposto e que não a ajude, ela não poderá agir sobre ele, e sua ação será nula." Avicena chamava este estado de meio favorável ou de receptividade. Por isso, não esperes ficar doente para te preocupares com teu corpo. Protege-o, cerca-o de cuidados como uma criança que se cobre com roupas quentes para que o frio do inverno não a atinja.

Da saúde do corpo

"Deus não fez descer sobre a terra nenhuma doença sem ter feito descer seu remédio ao mesmo tempo."

Hadith

"Mais vale a preservação da saúde do que mil couraças."

Hakim Meysari

Do adulto

"Gargareja e cuida de teus dentes para manter tua dentição e teu palato limpos.

Provoca a urinação para não precisar temer a hidropisia.

Expulsa os mênstruos para evitar a putrefação.

O corpo necessita de evacuação para todos os seus órgãos e para o cérebro.

Utiliza os purgantes – com isso, evitarás as cólicas.

Banha-te para livrar-te das impurezas. Não tenhas preguiça de tirar os resíduos dos poros e livrar o corpo de suas imundícies.

Não refreies os jovens quanto às relações sexuais: por meio delas, eles evitarão males perniciosos.

Em compensação, proíbe-as aos frágeis, aos idosos e aos debilitados. Promete a gota e as dores a quem coabita após as refeições.

Abusar das relações debilita o corpo e confere como herança todas as espécies de males.

Protege os olhos da poeira, evita respirar fumaça e vapores insalubres.

Evita os raios do sol e os ardores infernais do meio do dia.

Não leias por muito tempo caracteres pequenos, inscrições minúsculas, nem letras difíceis.

É preciso prolongar a mastigação para ter uma boa digestão.

Tudo o que é difícil de mastigar é difícil de digerir.

Não se deve beber à mesa.

Não te embriagues o tempo todo; se acontecer de te embriagares, que seja no máximo uma vez por mês.

O vinho em pequena quantidade é útil; em grande quantidade é perigoso.

Exercita teus membros para auxiliá-los a eliminar os humores ruins.

O homem franzino deve evitar os exercícios para não aumentar seu esgotamento. Impõe os exercícios, em compensação, para o obeso."

Avicena, *Poema da medicina*

Da criança

"Antes de envolvê-la, fricciona-a com adstringentes.

Não faças nada que possa irritá-la, impedir ou perturbar seu sono.

Para dormir, coloca-a em uma cama macia em um local escuro.

Acrescenta um pouco de dormideira em sua alimentação se a doença a impede de dormir.

Acordada, que possa ver a luz.

Durante o dia, varia as cores diante dela para exercitar sua visão.

Fala a ela em voz alta para habituá-la às palavras.

Faze-lhe instilações nasais para desentupir e limpar."

Avicena, *Poema da medicina*

"A comida que desejas te fortifica.

A que comes sem apetite te devora."

Provérbio popular

Para não sucumbires às afecções que atacam o corpo com tanta certeza quanto o vento desgasta a curva das dunas, é preciso que aprendas a superar um grande número de obstáculos. Enumero alguns dentre eles: a solidão, a tolice e sobretudo o ciúme e a maledicência.

Da solidão

"Viver sozinho é insuportável, mesmo que seja no paraíso."

Provérbio popular

"Encontrei-me sozinho no meio do deserto e não constatei solidão mais medonha do que a presença de um mau companheiro."

Abu al-Hassan Kharaqânî

É melhor viver só do que cercado de tolos? É preferível respirar o ar e o silêncio da solidão, correndo o risco de sofrer com ela, a ser obrigado a se submeter à algazarra dos ineptos? A resposta é sim. Cem vezes sim. Mais valem todos os desertos do mundo do que um único imbecil.

– Só, dizes tu? Como é possível viver só? Como se pode dispensar a sociedade?

– Não se a dispensa. É ela que te dispensará, já que não te vê, não te ouve, nada sabe de teus tormentos, nada compreende de tuas alegrias. Rodeado de tolos, só tu conheces tuas falhas, e é impossível transmitir tuas falhas aos que não conseguem entrevê-las.

A tolice tem a seguinte particularidade: muitas vezes, ela supera a inteligência. Entre Damasco e o Cairo, entre Medina e Cartum, raramente tive a oportunidade de cruzar com gênios, com estes personagens que vos fascinam por suas faculdades espirituais, por sua ciência. Em compensação, Alá é testemunha, os tolos pululam e envenenam. Abarrotam nossas estradas e cidades, abundam às portas e dentro dos palácios, fazem-vos perder um dia em uma hora. Toda a dificuldade consiste, já que não se pode evitá-los, em ao menos não acreditar ingenuamente no que dizem.

Da tolice

"Mais vale a dúvida do inteligente do que a certeza do imbecil."

Provérbio popular

"Mais vale um cego dos olhos do que um cego de coração."

Abu al-Hassan Kharaqânî

"Obstinar-se em instruir os tolos é tocar alaúde para um surdo ou segurar um espelho diante de um cego."

Zahiri de Samarcanda, *O livro dos sete vizires*

"Só o erro do homem inteligente é notado."

Ditado sírio-libanês

"Não se ensina a um corcunda como dormir."

Provérbio popular

"Não dês conselhos a um tolo, ele se tornará teu inimigo."

Provérbio popular

"Quando a tolice esbofeteia a inteligência, a inteligência tem o direito de se comportar tolamente."

Ben Gurno

"O pássaro voa nas alturas, sua sombra precipita-se sobre a terra, fugindo como sombra de pássaro.

O imbecil caça a sombra. Jamais saberá que é o reflexo do pássaro..."

Djalâl al-din Rûmî, *Mesnevi*

"A aquisição das virtudes nasce da resistência às fadigas."

Qâbus

"Não cesso de repetir-lhe: 'é um touro!', e ele continua me respondendo: munge-o!"

Provérbio popular

Sabes que, de mil homens que repousam nos cemitérios, novecentos e noventa morreram assassinados pela inveja e pelo mau-olhado, e os outros dez, de morte natural? Não acreditas no mau-olhado, homem ocidental. Sei disso. E, no entanto, posso afirmar que ele mata mais infalivelmente do que a lâmina do punhal mais afiado. Sabe que a inveja, irmã do ciúme, não passa de um sentimento estéril que deixa o homem no estado em que o encontra. Impede-o de sentir qualquer forma de admiração, torna-o incapaz de se maravilhar com as ações ou com as obras dos outros e não suporta no mundo outros talentos além dos seus. A inveja nasce da insustentável visão do prazer experimentado por uma criatura. É certamente o vício mais maldoso e mais infame de todos.

Dize-te que não existe nenhum vício que prejudique tanto a ventura dos homens quanto o da inveja. Porque, além dos que se macularam com ele afligirem a si mesmos, perturbam igualmente com todo o seu poder o prazer dos outros. O homem invejoso vive apenas pela metade, e seu coração só bate dia sim, dia não.

Nem todo ciúme é isento de inveja. Muitas vezes esses dois sentimentos chegam até a se unir para originar um terceiro: a maledicência. E a maledicência é o inimigo mais mortal. Não existe covardia pior do que se sentir desestimulado com a felicidade dos outros e do que se abater com sua sorte.

Da inveja e da maledicência

"Não te queixes, diante de nenhuma criatura, da desgraça que te aflige, pois poderias despertar nela o prazer de te ver sofrer; como os lamentos do ferido diante dos corvos e dos abutres que aguardam sua morte para retalhar seu cadáver."

Al-Mutannabi

"Se um joão-ninguém vos fala mal de mim, é uma prova evidente de que sou um homem de bem."

Al-Mutannabi

"Se não quiseres ser devorado pelo desgosto neste mundo, não invejes a sorte dos outros."

Al-Mutannabi

"Uma boa palavra é como uma boa árvore cuja raiz é sólida e cujos galhos sobem até o céu. Dá seus frutos em todas as estações com a permissão de seu Senhor."

Hadith

"Não temais os invejosos. Basta-vos saber que morrem de despeito quando vos vêem felizes: a vingança é enorme."

Osman Ibn Affan

"Cinco coisas nos fazem desviar da retidão: o ciúme, a vingança, a raiva, a necessidade e uma quinta que faz com que a cobiça se torne senhora do homem."

Firdusi, *O livro dos reis*

"O Enviado de Deus ordenou que se empregasse a magia contra o mau-olhado."

"Omm Salam conta que o Profeta, depois de ver uma escrava com uma deformação no rosto em sua casa, exclamou: 'Que a desenfeiticem, ela acaba de ser atingida por um mau-olhado.'"

Hadith

"Aquele que observa demais a felicidade dos outros arrisca-se a morrer de aflição."

Hadith

"Aquele cuja língua calunia fala aqui e mata em Roma; fala em Roma e mata na Síria."

Talmude de Jerusalém

"Aquele que te inveja só se satisfaz com a morte de um de vós dois."

Ali Ibn Abu Taleb

"Quando citardes os ditos de alguém, imaginai-o de pé diante de vós."

Provérbio judaico

"Se a língua fosse prisioneira, o coração estaria protegido do pesar."

Zamakhcharî

"Cinco por cento dos seres que repousam nos cemitérios morreram de morte natural. O resto foi assassinado pelo mau-olhado."

Ben Gurno

"Um mercador perdeu mil dinares. Disse a seu filho: Não devemos divulgar essa perda a ninguém. – Ó meu pai – respondeu o filho –, tu ordenas e eu obedeço; não contarei a ninguém. Mas explica-me qual a utilidade de manter este caso em segredo? – É para que não aconteçam duas desgraças: primeiro, a diminuição de nossa fortuna, segundo, a alegria maldosa de nosso vizinho."

Saadi, *Golestan*

"O rei fez a seguinte pergunta a alguns sábios:

– Qual é a pior provação que um homem pode sofrer?

– A pobreza, disseram alguns; a pobreza mais o exílio, propuseram outros; o exílio mais a doença e a pobreza, decidiram, ainda, outros.

Mas todos foram unânimes em reconhecer que o pior de tudo isso é ver o inimigo rejubilar-se com nossas desgraças."

Dito popular

"Só existem duas pessoas que é permitido invejar: 'aquela a quem Deus concedeu a fortuna e que tem a coragem de gastar seus bens pela causa da verdade; aquela a quem Deus concedeu a sabedoria e que a aplica junto aos homens e a ensina a eles.'"

Hadith

"Evitai o ciúme, pois ele devora as boas ações como o fogo consome a madeira."

Hadith

"Mais vale a língua do mudo do que a do mentiroso."

Provérbio popular

"Quando o homem perde as esperanças, sua língua fica mais comprida."

Saadi

. X .

Meu olhar volta-se para a multidão que me ouve. Alguns olhares são atentos, outros curiosos, outros, ainda, indiferentes ou desiludidos. Pouco importa, prosseguirei minha arenga até os primeiros clarões da alvorada, talvez então entreveja o primeiro rosto amigo. Amo a amizade. Às vezes até me acontece de me perguntar se não prefiro a amizade ao amor.

Alguém me disse um dia – quando eu me consumia em uma paixão irracional como todas as paixões: "Medjdub, por que não pensas em arder de amizade?" E, como eu resmungasse com amargura: "Mas a amizade não passa do bastardo do amor." Meu interlocutor replicou com a voz tranqüila: "Um bastardo, talvez, mas de sangue real!"

Ele tinha razão. Vê, o amor nasce bruscamente sem outra reflexão, por temperamento ou por atração dos corpos: um traço de beleza, uma voz, uma maneira de se mover nos fixa, nos determina. A amizade, pelo contrário, forma-se aos poucos, com o tempo, pela prática, por meio de uma lenta cumplicidade. Quanta bondade de coração, de apego, de apoio e de tolerância em um amigo verdadeiro! Ele vos enriquece a longo prazo bem mais do que a visão de um belo rosto ou de uma bela mão.

Por mais raro que seja o amor verdadeiro, ainda é menos raro do que a verdadeira amizade.

A amizade é uma arte, uma arte que tem essa vantagem inegável sobre o amor: é destituída de todas as formas de ciúme, de sentimento de posse. Presta atenção no dia em que em teu caminho aparece um amigo, presta atenção para jamais traí-lo ou perdê-lo, porque recuperar uma amizade exige muito mais cuidados do que as amizades que jamais foram rompidas. E ninguém pode jurar que elas renascerão com tanta força e com tanta densidade quanto antes da ruptura.

Da amizade

"O homem sábio, de espírito cultivado, só deve agir, em qualquer circunstância e sobretudo com relação a seus amigos, com suavidade e só deve julgar com amenidade. Deve proteger-se com cuidado de seus inimigos e escolher seus amigos com circunspecção e, depois de escolhê-los, não deve mais fazer com que intervenha entre os amigos e ele nenhum juiz, e sim acomodar tudo pela bondade; porque ou ele escolheu seus amigos entre os homens desapegados desse mundo e destinados à santidade, e então deve ouvi-los sem segundas intenções e confiar em seu julgamento, ou escolheu-os entre os apegados aos bens da terra, e então deve zelar para jamais lesá-los em seus interesses, nem contrariá-los em seus hábitos, nem contradizê-los em suas palavras; pois a contradição aliena até a afeição do pai e da mãe, e ela é supérflua; e um amigo é uma coisa tão preciosa! Porque o amigo não é como a mulher da qual é possível divorciar-se para substituí-la por outra; e a ferida infligida a um amigo jamais cicatriza, como diz o poeta: 'Pensa que o coração do amigo é uma coisa muito frágil e que se deve cuidar dele como de qualquer coisa frágil; pois, uma vez ferido, o coração do amigo é como o vidro delicado que jamais pode ser consertado.'"

As mil e uma noites

"O amigo é um escudo para seu amigo."

Abu Shakur

"Maldito seja o amigo que me decepciona uma vez.
Bendito seja o amigo que me decepciona duas vezes."

Provérbio líbio

"Vosso amigo é a resposta a vossos desejos.

De que serve se o procurais para matar o tempo?

Procurai-o sempre para as horas animadas.

Pois cabe-lhe satisfazer vossas necessidades, mas não preencher vosso vazio."

Khalil Gibran, *O profeta*

"O amigo que só é amigo por interesse tornar-se-á com toda a certeza inimigo."

Firdusi, *O livro dos reis*

"Quando uma decisão não pode ser tomada sem conselho, aconselha-te junto a um amigo sincero e não creias que consultar é uma humilhação; as penas médias de uma asa seguem as mais longas."

Bachâr Ibn Burd

"Ninguém conhece a amizade enquanto não deseja para seu irmão o que deseja para si mesmo."

Hadith

"Se freqüentas um homem vil é porque és de sua categoria."

Abu Tammân

"Jamais abandones um velho amigo,
o recém-conquistado não equivalerá a ele.

Vinho novo, amigo novo,
deixa-o envelhecer, só então irás bebê-lo com deleite."

Eclesiástico

"Quem são os amigos verdadeiros?, perguntaram a um sábio.

– Uma única alma em corpos separados."

Dito popular

"Uma só mão não pode aplaudir."

Dito popular

"De quem gostas mais, de teu amigo ou de teu parente?, perguntaram a Ibn al-Muqaffa.

– Do parente só quando se apresenta como amigo."

Dito popular

"É possível amarrar um barbante que se partiu, mas sempre haverá um nó no meio."

Provérbio persa

"Alguém não via seu amigo há muito tempo. Por fim encontrou-o e disse-lhe: Onde estavas? Senti tua falta. O outro respondeu-lhe: Ótimo. Mais vale o desejo do que o tédio."

Saadi

"Aquele cuja amizade jamais te trouxe algo não poderá lesar-te com sua inimizade."

Saadi

"Mais vale o amigo que se vê raramente quando se gosta dele de verdade do que aquele que é possível se ver até chegar à indiferença."

Saadi

"Sempre convivi intimamente com um amigo querido, ele e eu, como duas amêndoas gêmeas encerradas na mesma casca. O acaso quis que meu amigo tivesse de ir embora para longe. Algum tempo depois que voltou, começou a censurar-me: durante todo este tempo, nem mesmo me escreveste! Ah, disse-lhe, não conseguia suportar a idéia de que meu mensageiro te veria, de que tua beleza o fascinaria, enquanto eu estaria privado dela."

Saadi, *Golestan*

"De dois homens que se amam em Deus, o mais próximo de Deus é aquele que mais ama seu amigo."

Hadith

"Os amigos se dividem em três espécies:

Alguns são como a comida de que nem sempre se necessita;

Os outros são como um medicamento de que se necessita algumas vezes;

Os últimos seriam semelhantes a uma doença, certamente jamais desejada."

Ditado popular

"Se teu amigo é de mel, não o lambas inteiro."

Provérbio popular

"Se buscas um irmão sem defeito, permanece sem irmão."

Djalâl al-din Rûmî, *Mesnevi*

"O coração nos faz ganhar amigos que a experiência nos faz perder."

Provérbio popular

O gêmeo oposto ao amigo é de fato o adversário. Enquanto vagava pelo mundo e, sem dúvida, por falar com sinceridade, fiz inimigos. O que não me perturbou demais. Quando vivemos à margem dos outros, quando nos proibimos de uivar com os lobos, quando tomamos caminhos oblíquos, caminhos que os rebanhos não seguem, inevitavelmente estamos sujeitos à crítica, e surgem então ao nosso redor personagens que nos apontam com o dedo e tentam nos prejudicar. Repito que isso não me perturbaria se meus inimigos fossem sábios ou letrados. Não dizem que "nada é tão perigoso quanto um amigo ignorante"? Mas, no fundo, o maior inimigo do homem não é o próprio homem?

Por isso, segredo-te um conselho: desinteressa-te de teus inimigos, e, principalmente – é o mais importante –, evita odiá-los. Seria uma perda de energia, um sentimento estéril. Só se odeia por fraqueza. Da mesma maneira que nos vingamos porque nos falta convicção. Porque a dúvida prevaleceu à fé. Vingança e ódio são duas palavras a serem banidas de tua existência. Mas o que é ainda melhor: assim que os venceres, torna teus maiores adversários e teus adversários mais perigosos teus irmãos. Ficarás surpreso com sua fidelidade.

Dos inimigos

"Disputa de leões, disputa de um dia.
Disputa de cães, disputa de todos os dias."

Provérbio berbere

"Um único inimigo é demais; mil amigos é pouco demais."

Abu Shakur

"Devemos permanecer vivos para dar uma razão de ser a nosso inimigo."

Ben Gurno

"Aquele que permanece vivo após a morte de seu inimigo, mesmo que seja apenas por um dia, conquistou a vitória."

As mil e uma noites

"O inimigo do pai não se torna amigo do filho."

Provérbio curdo

"São dois os inimigos: a um pudeste prejudicar, e o outro pôde te prejudicar.

Se a roda da fortuna te forçar a recorrer a um dos dois, escolhe o segundo; ele tem mais condições de te ajudar, porque não tem rancor."

Provérbio popular

"O olhar de um inimigo é reconhecível pela alegria que ele exprime quando estás infeliz."

Provérbio popular

"O bom entendimento entre o gato e o rato arruína o merceeiro."

Provérbio popular

"Aquele que cava uma sepultura para seu irmão acabará por cair nela."

Dito popular

Da amizade ferida nasce às vezes o desejo de vingança. É porque a vingança parece – erroneamente – doce e apaziguante para as almas ofendidas. Dize-te que uma injúria que nos recusamos a perdoar ou a esquecer acaba, mais cedo ou mais tarde, por nos encerrar em um círculo maldito, em uma morada plena de noite, com janelas e portas muradas. Algumas horas de vingança resultaram, uma manhã, na destruição de um mundo. Sentimento absurdo. Prefere sempre a fertilidade que decorre da bondade e do poder de perdão à aridez das terras queimadas.

Da vingança

"É melhor passar a noite irritado com a ofensa do que arrependido com a vingança."

Provérbio popular

"Não se lava o sangue com sangue, mas com água."

Ibn al-Muqaffa

"Na verdade, a espada sempre inspira a vingança, mesmo quando está na bainha."

Provérbio popular

Da bondade

"Daquele que acabou com uma única vida, está escrito que é como se tivesse destruído a humanidade inteira.

Daquele que salvou uma única vida, está escrito que é como se tivesse salvado o Universo inteiro."

Ditado popular judaico

"Não espanques o animal, nem mesmo com uma folha de papel, porque ele é mudo e não conseguiria queixar-se a Deus das injustiças das quais é vítima."

Abu'l-Abbâs Qassâb

"Sê o perseguido e não o perseguidor."

Abu'l-Abbâs Qassâb

"Quem tiver feito uma gota de bem o verá.
Quem tiver feito uma gota de mal o verá."

Maomé, VII, 8

"A caridade apaga o erro, como a água apaga o fogo."

Hadith

"Dai esmola das melhores coisas adquiridas."

Hadith

"As palavras que saem do coração entram no coração."

Provérbio judaico

"Para os puros, todas as coisas são puras."

As mil e uma noites

"Protege-te do mal que pode provir daquele a quem fizeste o bem."

Hadith

"Às vezes este mundo é uma prisão para o crente e um paraíso para o descrente."

Hadith

. XI .

"A felicidade está próxima da infelicidade, sim, a felicidade está próxima da infelicidade", disse o Profeta. Um fio de cabelo as separa. E muitas vezes somos nós mesmos quem tecemos nossa desventura. Se os homens fossem francos, talvez reconhecessem que jamais a infelicidade desabou sobre eles sem que tivessem recebido alguma advertência oculta. Muitos só perceberam o sentido profundo desse aviso misterioso ou evidente após o desastre. Fica, então, atento. Espreita. Aprende a ler nos murmúrios da vida o que ela anuncia.

E, quando fores afligido pela adversidade, dize a ti mesmo que tudo está misturado nesta existência, que a roda do destino gira e gira infatigavelmente sem jamais parar. Nada permanece imobilizado. Dize também a ti mesmo, infatigavel-

mente, que a felicidade ou a infelicidade absolutas não existem. São instantes que se prolongam com maior ou menor duração. São os grãos de areia da ampulheta. Se a felicidade não dura eternamente, por que a infelicidade duraria?

Aprende portanto a lutar sem estremecer, sem te abateres, sem odiar os obstáculos e, sobretudo, sem te lamentares pensando nas horas de alegrias passadas, porque não existe dor pior do que uma lembrança feliz nos dias de desgraça. Dize a ti mesmo que, como o desespero, a infelicidade exalta, enquanto a felicidade relaxa. Se conseguires te convencer disso, então, nos piores momentos, assediado por mil tormentas, sempre encontrarás força para lutar.

De controlar a felicidade

"Queres alegria? Pede-a à embriaguez e à inconsciência."

Nashat

"Em tua infelicidade, há um privilégio, em toda mácula há pureza, em todo infortúnio está escondida uma riqueza."

Dhû'l-Nûn al-Masri

"Instrui-te da desgraça dos outros para que os outros não se instruam à tua custa."

Dhû'l-Nûn al-Masri

"Se a lua está a teu lado, não prestes atenção às estrelas."

Provérbio popular

"A prisão mais estreita é a companhia daqueles que vos são hostis."

Djâmi, *Beharestân*

"O homem suplica para obter o mal, como suplica pelo bem. O homem é sempre apressado demais."

Hadith

"Quando a infelicidade atinge o homem, ele fica impaciente. Quando a felicidade o atinge, ele torna-se insolente."

Hadith

"Alá só sobrecarrega uma pessoa aqui embaixo de acordo com aquilo que Ele lhe concede."

Hadith

"Não contes os dias de um mês do qual a felicidade está ausente."

Provérbio popular

"Jamais me queixei da adversidade, jamais fiquei perturbado diante do grande número de preocupações que me assaltava, até o dia em que me encontrei descalço, sem dinheiro para comprar babuchas. Contrariado, entrei na mesquita de Khufa a fim de apaziguar a dor de meu coração.

Então vi um homem que não tinha pés..."

Saadi, *Golestan*

"Após beber mares inteiros, surpreendemo-nos que nossos lábios ainda estejam tão secos quanto as praias e que sempre procuremos o mar para nele mergulhá-los sem saber que nossos lábios são as praias e que nós somos o mar."

Attar, *O colóquio dos pássaros*

"Um homem fora dono de uma grande fortuna. Dilapidou-a porém para logo se encontrar numa extrema penúria. Pois a sorte muda para os herdeiros. Passeava, como um abutre entre as ruínas, sem recursos, sem morada. Um dia dirigiu essa prece a Deus: 'Ó Senhor, os bens com que me cumulaste dissiparam-se depressa. Torna a me conceder favores ou arrebata minha vida!'

Porque o Profeta disse:

'O fiel é como a cana! Seu canto é mais alto quando é vazio por dentro.'

Nosso herdeiro passava dessa forma seus dias orando, o rosto coberto de lágrimas. Mas existe alguém que tenha batido na porta da misericórdia sem nada receber?

O herdeiro arruinado ouviu então uma voz em seu sonho que lhe dizia:

'Deixa Bagdá e vai ao Egito! Lá tuas necessidades serão satisfeitas e ficarás rico. Pois tuas lágrimas e tuas orações foram acolhidas!'

Essa mesma voz descreveu-lhe com precisão uma cidade, um bairro dessa cidade e um lugar desse bairro. Disse-lhe ainda:

'Vai até lá e encontrarás um tesouro contendo coisas raras.'

Cheio de esperança, o herdeiro foi então ao Egito. Chegou extremamente esgotado, pois nada havia comido durante muitos dias. Ocorreu-lhe mendigar, mas a vergonha o impediu. No entanto, logo a paciência abandonou-o, e ele decidiu pedir esmola quando a noite caísse a fim de que a escuridão recobrisse sua vergonha. Disse a si mesmo:

'Gritarei o nome de Deus e talvez as pessoas me dêem algo para comer.'

Um terço da noite passou, e ele ainda hesitava, perguntando-se:

'Devo dormir de barriga vazia ou devo mendigar?'

Mas, de repente, ele foi capturado por um guarda que fazia a ronda da noite, e este começou a espancá-lo com um bastão. Pois, naquela época, a população era atormentada à noite pelos delitos dos ladrões, e o sultão dera ordens severas aos guardas:

'Não vos deixeis lograr por suas mentiras e não tenhais dó! Se encontrardes um homem na rua durante a noite, cortai-lhe a mão, mesmo que se trate de alguém de vossa família!'

O herdeiro implorou piedade e pediu para ser ouvido a fim de que pudesse contar sua história. Depois de dar-lhe muitas bastonadas, o guarda disse-lhe:

'Está bem! Vou te ouvir. O que fazes a esta hora nas ruas? És estrangeiro. Quais são tuas intenções? Sabes que o sultão nos recomendou não ter dó dos ladrões como tu?'

O herdeiro jurou sobre tudo o que havia de sagrado.

'Não sou ladrão, nem amigo de ladrões. Sou apenas um pobre solitário que vem de Bagdá.'

E contou tudo: sua história, seu sonho e sua esperança de encontrar um tesouro. E seus olhos derramaram uma cachoeira de lágrimas. O guarda ficou comovido com suas palavras e disse-lhe:

'Não pareces um ladrão. Talvez sejas um homem honesto, mas és realmente estúpido demais. Andaste tudo isso por causa de um sonho! De uma coisa tenho certeza: não tens uma gota de inteligência. Já aconteceu de eu ter sonhos como esses centenas de vezes. Uma voz dizia-me: "Vai a Bagdá. Vai a tal bairro, a tal lugar, e ali encontrarás um tesouro." Mas nem por isso eu fui!'

Ele descreveu ao herdeiro o lugar que a voz de seus sonhos lhe indicava, e o herdeiro reconheceu em sua descrição o lugar exato onde ele morava. Então exclamou:

'O lugar do tesouro é exatamente o lugar onde eu vivia! Para que suportei todos estes tormentos?'

Em seguida, agradeceu a Deus e disse a si mesmo:

'Todas as minhas aflições e meus tormentos guiaram-me até o tesouro que estava em minha casa. Pouco importa que me considerem um erudito ou um idiota: encontrei o tesouro!'"

Djalâl al-din Rûmî, *Mesnevi*

De suportar a infelicidade

"Não existe infelicidade pior do que aquela que nos atinge."

Saadi, *Golestan*

"Um homem pediu humildemente ao Profeta a permissão para orar em seu tapete. O mestre não permitiu, dizendo-lhe: 'A esta hora, a terra e a areia estão fervendo. Coloca teu rosto sobre a areia ardente e sobre a terra do caminho, porque todos os feridos de amor devem ter sua marca no rosto. Quando percebes uma ferida na alma, convém que a cicatriz seja visível do exterior. Quando não se vê desta maneira a cicatriz do coração, como é possível considerar-te ferido? Mostra a cicatriz do coração, pois no sítio do amor conhecem-se as pessoas de coração por sua ferida aparente.'"

Attar, *O colóquio dos pássaros*

"Uma tigela tombada jamais torna a se encher. Se persistires em dar as costas à realidade, a felicidade e a infelicidade resvalarão em teu coração, como a água de um rio nos seixos. Ora, o homem precisa da felicidade e da infelicidade para viver em equilíbrio."

Xeque Abu'l-Abbâs Qassâb

"O pesar acelera a velhice."

Ali Ibn Abu Taleb

"A realidade não é irmã do sonho; os cursos dos ventos sempre respondem à expectativa dos veleiros?"

Al-Mutannabi

Contemplo meu rosto na poça de água que jaz ao pé dos degraus da mesquita. Já não tenho idade, dizia como preâmbulo, velhice e morte – danações supremas – não me atingem de forma alguma. É mentira. As rugas que estão aí testemunham os dias passados. Em cada sulco está incrustada uma página de minha existência. O bem, o mal, a felicidade e a infelicidade. Meus instantes de amor, minhas horas de desamor. Após uma certa idade, tem-se o rosto que se mereceu, e o semblante não passa do espelho da alma. Sempre poderás tentar colocar uma máscara, adotando expressões e proferindo palavras; se elas não estiverem em harmonia com o âmago de teu ser, essas expressões e essas palavras sempre serão traídas pelos traços que o tempo desenhou em tua fronte, na comis-

sura dos lábios, nas bordas de teu olhar. Então, cuidado. Cada ação honrada realçará tua beleza; cada ação desprezível só fará enfear-te.

A juventude – dizem – é a época de estudar a sabedoria; a velhice é a época de praticá-la. Esta é uma máxima muito sábia. Mas acredito que é preciso nos apressarmos e começar desde a aurora a caminhar nos rastros da sabedoria, pois nenhum de nós assinou contrato com o Altíssimo, e é possível que jamais cheguemos à beira da velhice. O ideal absoluto seria poder conservar, da juventude, a embriaguez contínua, essa febre da razão. Seria também conservar a audácia, o gosto do risco diante da prudência. De fato, conseguir manter aquilo que se chama comumente de "juventude de espírito". É a febre da juventude que mantém o resto do mundo na temperatura normal. Quando a juventude se resfria, o resto do mundo bate os dentes. Jamais renuncies ao desejo, jamais cesses de empreender. E, sobretudo, jamais confundas velhice e fadiga.

Da juventude e da velhice

"A força é para a juventude o que a razão é para os idosos."

Ditado sírio-libanês

"Quando o leão envelhece, torna-se assunto de irrisão para os macacos."

Provérbio líbio

"O estudante enrola seus diplomas, e a juventude está despedaçada. As primaveras de nossas indolências se foram, eis o inverno. O pássaro de nossas loucuras chama-se juventude. Eu não soube quando pousou, nem em que dia partiu."

Omar Khayyan, *Rubaiyat*

"Levanta-te ao veres uma cabeça branca e honra a pessoa do idoso."

Levítico, **XIX, 32**

"As pessoas nesta terra são apenas operários que trabalham, cada uma no palácio construído em comum, e depois deixam, uma após a outra, as paredes que erigiram a fim de que os que as seguem coroem o edifício."

Labîd

. XII .

Ainda há pouco – foi ontem? – eu morava em um palácio. Seus esplendores rivalizavam com os faustos das moradas mais belas de Bagdá. Era invejado por vizires e sultões. Rodeavam-me móveis de cedro, mármore e estuque, folhas de ouro. Minhas janelas eram recobertas de admiráveis muchararabiehs**, tão finamente trabalhadas quanto as rendas mais esplendorosas. Pelos interstícios, eu entrevia uma primavera que parecia não ter fim. No entanto, esta noite, aqui estou nu, no exílio, tendo o céu como única proteção. Durmo ao relento e, quando o vento do deserto sopra no inverno sobre a cida-*

* Na arquitetura árabe, terraço fechado por uma grade que forma uma saliência diante de uma janela. (N. da T.)

de, refugio-me no porto das mesquitas ou no calor reconfortante de um caravançará. De minhas posses nada sobrou.

Com certeza não fui ávido o suficiente. Com certeza jamais quis aceitar a idéia de posse. A fortuna era – a meus olhos – apenas uma alavanca, uma simples ferramenta, nada além. De que me serviria ter mantido meus tesouros encerrados em caixas?

– Não estarias reduzido a mendigar!

– Com certeza, amigo. Já não tenho palácio, mas tenho lembranças.

– Deverias ter aprendido a ser mais precavido, avarento.

– A avareza é triste e sórdida, ela acumula sem ter uma finalidade e sem prazer: "O avarento não ousa tocar em suas riquezas e, como diz o Sábio, parece reservar sobre elas apenas o direito de contemplá-las e proclamar: Eu as tenho." Raramente vi pobres dominados pela avareza. E, justificadamente, a avareza começa onde cessa a pobreza. Observa o avarento. Tudo se revela no gesto comedido, pequeno, que não se afasta do corpo, e no movimento que o reconduz a si. O avarento permanece imóvel. Nada ousa, porque o medo é a alma da avareza. Teme o ruído e a mudança; teme ver seu interesse despertar para outra coisa além dele mesmo. E, bem naturalmente, teme amar. Amar não é, antes de mais nada, oferecer? Abrir-se para o mundo e para os seres? Como quereis que um avarento viva, ou que sua avareza seja vivida, de outra forma que não em sua prisão?

Afinal de contas, prefiro minha nova morada a céu aberto, e minha errância, à prisão dourada.

Da avareza

"O avarento assemelha-se ao asno que carrega ouro e prata e se alimenta de palha."

Provérbio popular

"Um tolo tinha um cofre cheio de ouro, que deixou ao morrer. Um ano depois, seu filho o viu em sonho na forma de um rato, os olhos cheios de lágrimas; rondava saltitando em torno do lugar onde seu ouro estava escondido. Seu filho contou que o interrogara, dizendo-lhe:

– Por que vieste até aqui? Dize-me.

O pai respondeu:

– Escondi ouro aqui; vim ver se alguém o encontrou.

Seu filho perguntou-lhe:

– Por que tens a forma de um rato?

Ele disse:

– O coração no qual cresceu o amor pelo ouro tem essa forma. Olha-me e aproveita o que vês, renunciando ao ouro, meu filho!"

Attar, *O colóquio dos pássaros*

"A generosidade é a devoção. A honra é a modéstia, e a certeza é uma fortuna."

Hadith

"Anuncia ao dinheiro do avarento um herdeiro ou um acidente."

Hadith

"E lembra-te de que o sudário não tem bolsos."

Provérbio popular

"Emprega teu dinheiro em boas ações antes que o tempo que passa acabe te revelando um dia teu corpo burilado."

Al-Qâsin al-Harîrî, *O livro dos demônios*

"Entre a sede de dinheiro e a sede de água, uma diferença: depois de beber água, ficamos saciados."

Dito popular

Foi ontem? Vestido de brocado, revejo-me ainda atravessando a cidade, cabeça erguida, olhos desdenhosos, convencido de que minha riqueza me autorizava todos os excessos, mesmo os mais vis. A riqueza é muitas vezes o único objeto de desejo dos homens, porque fornece o poder. Na verdade, não é a riqueza em si que é condenável, mas o mau uso que fazemos dela.

Depende de ti adquirir a opulência e o supérfluo e utilizá-lo com discernimento, sem cometer crimes nem ofensas; antes consagrá-los a te engrandecer e a desenvolver tuas qualidades, a torná-las mais evidentes, do que alimentar e aumentar ao redor de ti as injustiças do mesmo modo que a madeira alimenta o fogo. E, se a fortuna te sorriu, não desprezes os humildes. Lembra que as grandes misérias são ferozes.

No fundo, a grande vantagem da precariedade é que nos consideramos ricos com pouco. Um mendigo que encontra uma moeda fica mais contente do que um rico que encontra uma mina de ouro.

Se a riqueza pode elevar uma alma nobre, a pobreza avilta e confere aos tolos que têm dinheiro o direito de vos humilhar ou, pior ainda, de apiedar-se de vós. Nunca faças parte do clã dos tolos.

Da riqueza e da precariedade

"O homem próspero é como a árvore; as pessoas cercam-na enquanto está coberta de frutos; mas, assim que caem os frutos, as pessoas dispersam-se em busca de uma árvore melhor."

As mil e uma noites

"Quatro coisas não podem permanecer ocultas por muito tempo: a ciência, a tolice, a riqueza e a pobreza."

As mil e uma noites

"Quando os pobres casam entre si, os mendigos multiplicam-se."

Provérbio popular

"Virá socorrer o pesar do outro aquele que também sofre."

Faramarz

"Se lhes ensinares a mendicância, eles te precederão às portas das mesquitas."

Provérbio popular

"Os bens são feitos para a alma, e não a alma para os bens."

Faramarz

"Nem sempre se trazem pérolas do mar; um belo dia, acontece-nos de deixar a vida ali."

Abu Shakur

"O homem dotado de julgamento? É aquele que passa a noite estimando-se satisfeito com o que lhe basta para viver e permite que os dias se sucedam aos dias. A finalidade de todo supérfluo é a penúria."

Al-Qâsim al-Harîrî, *O livro dos demônios*

"Esta moeda só é de fato tua no dia em que sai de tua mão."

Abdallah Ibn Al-Abbas

"Aquele que não tem ouro no bolso tem necessidade de ouro sobre a língua."

Al-Qâsim al-Harîrî, *O livro dos demônios*

"Nada é mais aviltante do que exibir sua própria miséria."

Zamakhcharî

"A fortuna não eleva ninguém ao alto de sua roda sem fazê-lo pagar muito caro, no final, por seus favores."

Provérbio iraniano

"As três despesas com as quais jamais somos rigorosos: as despesas com a doença, com a comida e com a hospitalidade."

Zayd Ibn Ali

"Era época de fome, mas nem por isso todos morriam de fome: os ricos tiveram o cuidado de fazer vastas reservas de trigo, de azeite, de legumes secos e de carnes secas.

Khadija disse então a seu marido:

– Nasr al-din, toda a cidade te considera um homem sensato. Não fiques de braços cruzados; vai à praça, reúne todo o mundo e tenta convencer os ricos a dar de comer aos pobres.

Nasr al-din achou que dessa vez sua mulher tinha razão. Fez o que ela sugerira e, duas horas depois, voltou para casa com o rosto radiante.

– Mulher, rendamos graça a Alá, o Misericordioso!

– Então conseguiste?

– Não foi uma missão fácil. Consegui mais ou menos.
– Como, mais ou menos?
– Isso mesmo. Consegui convencer os pobres."

Nasr al-din Hodja

"Qualquer qualidade do rico é considerada um defeito no pobre: se o pobre é corajoso, dizem que é imprudente; se é generoso, chamam-no de esbanjador indulgente e é julgado fraco; eloqüente, tomam-no por mexeriqueiro; silencioso, acham-no inepto."

Ibn al-Muqaffa

"Quem é rico? Aquele que se contenta com o que tem."

Provérbio popular

"O maior luxo é a simplicidade."

Provérbio curdo

"Quando o rico rouba, dizem que ele se enganou. Quando o pobre se engana, dizem que roubou."

Provérbio judaico

"Se bastasse correr e se debater para garantir a fortuna, ninguém teria sucesso maior do que os cães."

Provérbio judaico

"Quando a fortuna abandona por um instante o homem rico ou o empobrece, ei-lo que se apaga, perde a glória, como o sol amarela quando vai se pôr. E, a partir de então, se ele desaparece, sua lembrança só pode apagar-se de todas as memórias. A vergonha o precederá nas ruas; e, sozinho consigo mesmo, chorará todas as lágrimas dos olhos. Wallah! Juro, o homem nada tem a esperar de seus amigos. Basta a miséria desabar sobre ele, e ei-lo renegado por seus próprios parentes."

As mil e uma noites

"O homem mais miserável é aquele que negocia sua porção do além contra os bens terrestres de outrem."

Vizir al-Hakim

"Quando faltam cavalos, selam-se os cães."

Provérbio popular

"Um dia, Ibrahim viu um mendigo que se queixava de sua sorte.

– Suponho que tenhas comprado a mendicância por nada – disse ele.

– Como? A mendicância é vendida? – perguntou o mendigo, estupefato.

– Claro que sim – respondeu Ibrahim. – Comprei-a em troca de meu reinado de Balkh. Fiz um bom negócio."

Attar, *O colóquio dos pássaros*

"O pobre sempre terá esta vantagem sobre o rico: como nada tem a perder, é inacessível às ameaças."

Livro dos provérbios

"O exílio com a riqueza é uma pátria; a pátria com a pobreza é o exílio."

Provérbio popular

. XIII .

"És um belo orador, Medjdub! E vejo que meus compatriotas te escutam com atenção. Percebo até em certos olhares uma ponta de admiração perante tua erudição. Mas permite-me dizer o seguinte: Evita sentir orgulho ou mesmo uma gota de satisfação. Nos países onde não há cavalos, o asno é chamado de cavalo. Teu conhecimento, portanto, é bem relativo.

– Concordo, xeque El-Karim, mas alguma vez me vangloriei de possuir uma ciência qualquer além da ciência da comunicação? Não tenho nenhum conhecimento; só memória. Meu papel consiste apenas em te confiar as palavras que retive esperando que saberás entesourá-las e transformá-las em saber.

A gargalhada do xeque ressoou na noite.

– Pobre Medjdub! Imaginas então que sou capaz de lembrar tudo o que acabas de nos transmitir?

– Claro que não! Não és Maimônides, nem Ibn Roshd, nem Ibn Sina. Estes possuíam essa faculdade rara porque eram eles próprios a ciência. É impossível saber tudo sobre todas as coisas. Porque, para saber bem as coisas, é preciso saber cada detalhe delas e, como os detalhes são infinitos, nossos conhecimentos sempre permanecem superficiais e imperfeitos. Em compensação, saber um pouco de tudo não é somente acessível, como também essencial. Além disso, é bem mais enriquecedor saber algo sobre tudo do que saber tudo sobre apenas uma coisa. Olha em torno de ti. Se aqueles que nos governam tivessem essa qualidade, poderiam com um único olhar acabar com as misérias do povo. Infelizmente têm um único olho. Aguçado, vivo. Mas apenas um olho."

Do saber e do conhecimento

"Aquele que sabe... pena!
Duro é o conhecimento."

Mahmud Darwich, *Cartas do exílio*

"A ciência é um cofre cuja chave é o questionamento."

Hadith

"Talvez o tempo te coloque na escola dele,
pois não encontrarás melhor professor do que ele."

Abu Shakur

"Quando teu saber subir até o céu
ainda terás de ouvir um outro erudito."

Abu Shakur

"Não é aquele que está no cargo mais elevado que é o mais sábio, mas é o mais sábio que sobe mais alto."

Abu Shakur

"Riqueza e saber são rosa e narciso
que não conseguem florir juntos.
O homem de saber não tem a riqueza
e o homem rico é pobre em saber."

Sharid de Balkh

"Tudo o que soubeste ou viste não é nem o que viste e nem o que soubeste."

Attar, *O livro divino*

"Aquele que jamais sofreu o rigor de um mestre sofrerá os rigores da vida."

Saadi, *Debate sobre o amor*

"Entre os que ouvem os sábios, há três espécies: a esponja, o funil, o filtro.

A esponja apodera-se de tudo.

O funil deixa escapar por um lado o que recebe pelo outro.

O filtro solta o líquido para só conservar a borra.

Sê uma esponja."

Buzurdjmihr

"O homem nobre extrai do saber o que os outros extraem do parentesco."

Said Ibn al-As, companheiro do Profeta

"Quem aprende e esquece o que aprendeu é como a mulher que concebe e aborta."

Provérbio judaico

"Se um homem te diz que tens orelhas de asno, não dês atenção a ele. Se um segundo te repetir isso, interroga-te. Se um terceiro, por fim, o reiterar, então coloca arreios em ti."

Dito popular

"O homem vive de seu pensamento. O animal, de seus dentes."

Ditado sírio-libanês

"O homem é inimigo do que ele ignora."

Ali Ibn Taleb

"Caminhando um dia por um lugar ermo,

O rei Salomão deparou com um formigueiro.

De imediato milhares de formigas vieram cumprimentá-lo.

Uma única o ignorou, ocupada que estava em carregar, grão por grão, o enorme montículo de areia diante dela.

O rei Salomão mandou chamá-la e disse:

– Ó formiguinha, mesmo com a longevidade de Noé e a paciência de Jó, jamais poderás fazer esta montanha de areia desaparecer!

– Ó grande rei – respondeu a formiga –, não te detenhas em meu tamanho, observa antes meu ardor. Por trás deste montículo está minha bem-amada. Nada me deterá antes que eu a encontre. E, se devo perder a vida, pelo menos morrerei com a esperança de me juntar a ela. Ó rei, aprende com uma formiga o que é o amor; aprende com um cego o segredo da visão."

Attar, *O colóquio dos pássaros*

"Tudo é uno, a onda e a pérola, o mar e a areia. Nada do que existe neste mundo está fora de ti. Procura bem em ti mesmo o que queres ser, pois és tudo, porque a história do mundo dormita em cada um de nós."

Djalâl al-din Rûmî, *Mesnevi*

"Sabe que o mundo inteiro é um espelho, em cada átomo encontram-se cem sóis flamejantes. Se fenderes o centro de uma única gota de água, dele emergirão cem oceanos puros. Se examinares cada grão de poeira, poderão ser descobertos mil Adãos..."

Mahmud Shabestari

"O 'conhecimento' – objetivo supremo do sufi – é o que mantém a vida, a tal ponto que, se sua transmissão devesse ser interrompida mesmo que por três dias, o núcleo do indivíduo morreria como um homem privado de alimentos ou um enfermo privado dos medicamentos indispensáveis. Os homens comuns são os que são insensíveis à necessidade urgente de conhecimento. Essa falta de sensibilidade gera a arrogância. E, quando há arrogância, não resta nenhum lugar para o conhecimento."

Pensamento sufista

"O homem, afirmamos saber, é originário de um 'mundo' distante. Vem de tão longe na verdade que, tratando-se de sua origem, expressões como 'além das estrelas' são freqüentemente empregadas. O homem está afastado de sua origem. Alguns de seus sentimentos são indícios frágeis desse estado de separação. Por isso falamos de 'separação do bem-amado'. Estes são contudo termos técnicos, e aqueles que os utilizam para intensificar sua vida emocional só... intensificam sua vida emocional. O homem tem a possibilidade de tornar à sua origem. Esqueceu-a. Está 'adormecido' para a realidade.

O sufismo é o meio concebido para ajudá-lo a despertar, a tomar consciência das verdades que acabamos de enunciar, não a formar uma opinião a esse respeito. Os que despertam estão em condições de tornar, de empreender a viagem, ao mesmo tempo que vivem esta vida em sua plenitude."

Pensamento sufista

"O Ensinamento é como o ar. O homem vive dentro dele, mas é incapaz de perceber por um sentimento verdadeiro que, se não permanecesse aí, morreria.

Ele não pode ver o ar a não ser quando está poluído, quando, por exemplo, a fumaça se eleva. E só constata sua presença por meio de seus efeitos.

Ele vê o ar poluído, respira-o e imagina que é uma substância pura.

Privado de ar, ele começa a sufocar e sonha com remédios. O que ele precisa é simplesmente que o fornecimento de ar seja restabelecido. Ele pode perceber esse ar e aproveitá-lo mais tomando consciência de que é uma substância universal tratada com tanta falta de atenção que ninguém percebe sua presença."

Israil de Bukhara

"Hassan perguntou a Ajami:

– Como atingiste os cumes da realização espiritual?

– Imaculando meu coração na contemplação celeste, e não manchando o papel escrevendo..."

Pensamento sufista

"Era uma vez um homem que levava uma vida tranqüila nas proximidades de uma montanha. Evidentemente era culto e cortês, mas, exceto por estas qualidades, parecia bem comum. No entanto tinha algo de atraente em seu comportamento e, em sua gentileza e em seu discernimento, uma qualidade que incitava as pessoas a lhe pedirem conselhos. Todos os que vinham vê-lo recebiam um conselho. A um, ele aconselhou a abrir uma loja, a outro a aprender a construir uma jangada; a outro ainda, recomendou estudar a arte do cultivo das plantas e da manutenção dos jardins.

Um dia alguns pesquisadores que viajavam em busca da Verdade pararam após ter percorrido um longo trecho e falavam entre si.

– Se consegui vos fazer navegar sobre a torrente traidora que acabamos de atravessar e vos conduzir todos sãos e salvos para esta margem – disse um dos companheiros – é porque em outros tempos um homem me recomendou que eu aprendesse a construir uma jangada.

– Quando, durante esta viagem – adiantou outro –, fomos capturados por bandidos, obtive nossa libertação mostrando ao chefe deles como cultivar seu jardim. Se pude fazer isso é porque um dia um homem me sugeriu que estudasse as flores e os jardins.

Um terceiro contou:

– Toda vez que encontramos animais selvagens no caminho, pudemos nos sair bem porque um dia um homem me deu instruções precisas. Perguntei-lhe o que deveria fazer na vida. Sua resposta foi: 'Aprende a dominar os animais selvagens.'

E o mesmo acontecera a cada um dos membros da caravana. Quando compararam suas lembranças, perceberam que um homem dera a cada um uma indicação muito simples sobre a maneira de progredir na vida, e que eles não haviam avaliado a importância que seus conselhos poderiam adquirir para a sobrevivência deles.

O guia que os acompanhava na viagem observou então:

– Se não tivésseis seguido os conselhos desse homem, nenhum de vós estaria aqui hoje. Muitos que o consultaram riram dele ou esqueceram suas lições porque não perceberam que seus conselhos podiam encerrar um sentido interior.

Quando os viajantes chegaram ao termo de sua viagem, seus olhos abriram-se: seu guia e o sábio que vivia ao pé da montanha e os aconselhara eram o mesmo e único homem. Ficaram estupefatos. Mal se recuperaram, o guia conduziu-os diante da Verdade, e então viram que a Verdade não era nada mais do que esse mesmo homem. Os viajantes estavam perplexos. Um deles fez-se de porta-voz:

- Por que, se és a Verdade, como todos vemos agora, não nos contaste desde o início para nos poupar dessa viagem e do que sofremos?

Porém, mal o porta-voz pronunciara essas palavras, todos tomaram consciência – porque eles a haviam visto – de que eles jamais teriam sido capazes de perceber a Verdade caso não tivessem passado pelos três estágios: o estágio do conselho e de sua aplicação, o da viagem e da prática dos seus conhecimentos, o do reconhecimento da Verdade. Haviam conseguido chegar ao destino porque algo no âmago deles próprios soube reconhecer nos conselhos aparentemente anódinos do homem ao pé da montanha uma ressonância interior de verdade, um fragmento de realidade.

Assim o homem pode chegar a reconhecer a verdade absoluta."

Pensamento sufista

"Sayed Imam Ali Shah chama a atenção para uma lenda antiga cujo cenário são as pirâmides do Egito. Ele explica como certas histórias foram concebidas tendo o ensinamento por finalidade.

Diz a história que um faraó construíra em vida uma sala secreta na pirâmide destinada a ser seu túmulo, a fim de que todos seus tesouros o acompanhassem ao outro mundo.

O empreiteiro a mencionou a seus dois filhos. 'Vou morrer pobre', disse-lhes, 'mas vós podereis penetrar na sala do tesouro pela passagem secreta cujo caminho vos deixo como herança. Este rei não passa de um usurpador que acumulou seu ouro oprimindo pobres como nós.'

Os dois filhos trataram de arrebatar os tesouros reais, mas o primeiro ficou preso em uma armadilha; convenceu o segundo a cortar-lhe a cabeça a fim de que a família não fosse perturbada e seu irmão pudesse continuar a entrar. Este último, após breve discussão, concordou em fazê-lo e conseguiu escapar.

O rei ficou surpreso ao descobrir o corpo sem cabeça. Ordenou que fosse pendurado em uma parede e bem guardado. 'Os parentes', raciocinou, 'vão querer recuperar o corpo. Se tentarem recuperá-lo, mandarei prendê-los.' Mas o irmão sobrevivente era inteligente. Conseguiu muitos odres de vinho, carregou-os em um asno e deixou-os cair no caminho, perto do lugar onde os guardas espreitavam. Estes apanharam os odres e beberam seu conteúdo. Quando viu que estavam embriagados, o irmão pegou o corpo e foi enterrá-lo.

Para Sayed, o conto ilustra o paralelismo entre os acontecimentos e o psiquismo do homem. O tesouro representa o conhecimento humano acumulado, o faraó, a anomalia do psiquismo humano que impede a maioria de aprender o que tem interesse em aprender.

O pai é aquele que sabe como recolher o conhecimento.

Cada um dos dois filhos representa um estado mental. O primeiro irmão encarna o espírito temerário, embora imaginativo; o segundo, o princípio ativo, a persistência e uma capacidade inventiva pelo menos igual.

'Desta maneira', disse Imam Ali Shah, 'tanto quanto de qualquer outra, a obra de auxílio prossegue. Observai bem que as modalidades de ação do ensinamento são extraordinárias.'

'Não é necessário que esta história não seja verídica para que seja significativa.'"

Pensamento sufista

"Aqueles que chamamos de 'sábios' não gostam dos métodos que empregamos para atingir as pessoas: acreditam que o que há para ser comunicado deve ser transmitido por intimidação ou por uma terminologia complicada. Temos a reputação de sermos hostis aos eruditos. O que tampouco os agrada.

Mas a realidade é completamente diferente. Os que chamamos de 'sábios' são sucedâneos de sábios. Os verdadeiros sábios são raros, os sábios de imitação, uma multidão. Por isso designam-se os segundos pelo termo genérico sábios."

Pensamento sufista

"Mergulhamos na Essência e percorremos o corpo humano. Encontramos o curso do universo inteiro no corpo humano. E todos estes céus que rodopiam, e todos estes lugares sob esta terra. Os sete céus, os montes, e os mares, e os sete níveis telúricos. O vôo ou a queda no inferno, tudo isso no corpo humano. E a noite assim como o dia e as sete estrelas do céu. As tábuas de iniciação também estão no corpo humano. E o Sinai onde Moisés subiu – ou a caaba[1]. O Arcanjo soando a trombeta no próprio corpo humano. A Bíblia e o Antigo Testamento, e os Salmos, e o Corão. Todas as palavras escritas encontram-se no corpo humano. O que Yunus diz é exato, confirmamos seus dizeres. Deus está onde teu desejo o coloca: inteiro no corpo humano."

Yunus Emré

Do conhecimento de si

"Uma noite, um homem ouviu alguém caminhando em sua casa. Levantou-se e, para conseguir luz, feriu lume na pederneira. Mas o ladrão, que era o motivo do barulho, veio postar-se diante dele e, toda vez que uma faísca tocava o pavio, ele a apagava discretamente com o dedo. E o homem, acreditando que seu pavio estava molhado, não viu o ladrão.

Em teu coração igualmente, há alguém que apaga o fogo, mas tu jamais o vês."

Djalâl al-din Rûmî, *Odes místicas*

1. Edifício cúbico no centro da Grande Mesquita de Meca, em direção ao qual os muçulmanos se voltam para rezar. Em sua parede está selada a Pedra negra, trazida, segundo o Corão, para Abraão pelo arcanjo Gabriel.

"Se quiseres te conhecer, busca tua alma em tua alma, liberta tua alma e encontra-a. Conhece a ti mesmo por tua conta e conhece-te!"

Hadji Bayram Veli

"Tu não serás construído enquanto não estiveres em ruínas."

Yunus Emré

De saber olhar

"Os indianos trouxeram um elefante; exibiram-no em uma casa escura. Muitas pessoas entraram, uma por uma, no escuro, para vê-lo.

Não podendo vê-lo com os olhos, tatearam-no com a mão.

Um pousou a mão em sua tromba; disse: 'Esta criatura é como um cano de água.'

O outro tocou a orelha: ela pareceu-lhe um leque.

Depois de apanhar a perna, um outro declarou: 'É um pilar.'

Após colocar-lhe a mão nas costas, outro ainda disse: 'Na verdade, é um trono.'

Da mesma forma, cada vez que alguém ouvia uma descrição do elefante, compreendia-a a partir da parte que tocara.

Suas afirmações variavam segundo o que havian percebido. Um chamava-o *dal*, outro *alîf*[2].

Se cada um deles tivesse uma vela, suas palavras não seriam diferentes.

O olho da percepção é tão limitado quanto a palma da mão que não consegue apreender a totalidade do elefante.

O olho do mar é uma coisa; a espuma, outra; abandona a espuma e olha com o olho do mar. Dia e noite, procedendo do mar, movem-se os flocos de espuma; vês a espuma, não o mar. Como é estranho!

Batemos um no outro como barcos; nossos olhos estão cegos; a água, no entanto, é clara.

Ó tu, que adormeceste no barco do corpo, tu viste a água; contempla a Água da água."

Djalâl al-din Rûmî, *Mesnevi*

2. Estas duas letras do alfabeto árabe, respectivamente *d* e *a*, têm, a primeira, a forma de um ângulo, a segunda, a de um traço vertical.

. XIV .

Já faz alguns instantes que estou calado. É porque uma dúvida me acomete. E se minha presença aqui, esta noite, fosse apenas um pretexto para satisfazer meu orgulho? Se eu estivesse de fato zombando da maldição com que o Altíssimo me atingiu e se só a estivesse revelando para atrair para mim a simpatia das multidões? Mas não passo de um mendigo! Seriam os mendigos também capazes de orgulho e vaidade? É impossível: um mendigo não pode experimentar nenhum outro sentimento além da humildade e da submissão. Não é um homem como os outros; não é um ser inteiro; ora, só os seres de verdade são capazes de emoção.

E, no entanto..., se o orgulho fosse a verdadeira razão de minha arenga aqui, no vestíbulo desta mesquita no coração da Cidade Redonda? A menos que seja a paixão? Paixão desviada para a retórica, paixão pelas palavras? Paixão simplesmente? Paixão inútil? Ou, então, talvez eu só esteja aqui por raiva. Raiva por ter passado perto de minha vida sem jamais vivê-la; raiva por nunca ter sabido amar, raiva contra Alá, contra suas criaturas.

Por fim, bastaria perder um dia, uma hora, o domínio de nossas pulsões naturais, para que de imediato o coração e o corpo ficassem à deriva. Basta um sinal dos djims adormecidos em nós, e eis-nos arrebatados, fogosos, irracionais, prontos para realizar o pior ou o melhor.

O pior – no que diz respeito às dúvidas que acabo de levantar – seria provavelmente o orgulho e a raiva. Acredito que nada é mais triste do que o orgulho, sobretudo quando ele se torna o último refúgio de nossos fracassos. E a raiva, quando devasta o mundo que nos cerca, transborda sobre os mais fracos, é tão deplorável quanto o orgulho.

De todos os pensamentos proferidos sobre o orgulho e a vaidade, confesso ter um fraco pelo seguinte, de Ibn al-Muqaffa: "Mesmo que sejas filha do sultão, sempre acabarás por te encontrar abaixo de alguém."

De fato, modelados pelo orgulho como somos, sempre há uma manhã em que a existência nos obriga a mais humildade e modéstia. Teme este dia e abençoa-o se sobrevier. Porque ele reconduzirá as vagas de teus excessos às proporções corretas.

Do orgulho e da vaidade

"O homem torna-se orgulhoso no dia em que encontra em si mesmo algum defeito que o coloca acima de seus semelhantes."

Al-Ahnaf Ibn Qays

"Aos olhos do Altíssimo, não existem nem planícies nem elevações. Toda elevação é nivelada, e nenhum homem é pequeno, e nenhum homem é grande."

As mil e uma noites

"Não ergas a voz e baixa tuas pálpebras, porque se fosse a voz que decidisse a vida, um asno construiria duas casas em um dia com seus zurros."

Ibn al-Muqaffa

"Se eu sou senhor e tu és senhor, quem arreará o cavalo?"

Ibn al-Muqaffa

"Não sejais soberbos, jamais sereis tão grandes quanto a terra e tão altos quanto as montanhas."

Ditado popular

"Assemelhas-te a um mosquito que se considera alguém importante. Ao ver uma palhinha flutuando em uma poça de urina de asno, ele ergue a cabeça e diz:

'Há muito tempo sonho com o oceano e uma embarcação. Aqui estão!'

Esta poça de líquido de estrume parece-lhe profunda e sem limites porque seu universo tem o tamanho de seus olhos. Olhos assim só vêem oceanos dessa maneira. De repente, o vento desloca ligeiramente a palhinha, e nosso mosquito exclama:

'Sou um grande capitão!'

Se o mosquito conhecesse seus limites, seria semelhante ao falcão. Mas os mosquitos não têm o olhar do falcão."

Djalâl al-din Rûmî, *Mesnevi*

"O ato criador consiste em ser, em primeiro lugar, depois em parecer – e não em parecer na esperança de existir."

Halil Sarkis, *Estátua*

"Para aquele que perde seu mérito pessoal, o mérito de seu pai não tem nenhuma utilidade."

Ibn Saida

"Quando vês alguém elogiar em ti qualidades que não possuis, não acredites que ele se incomodará de te acusar de vícios que jamais tiveste."

Wahhb Ibn Monabbih

"O impotente vangloria-se do falo de seu pai."

Provérbio popular

"Vende a casa da humildade a qualquer preço e compra a casa da honra mesmo que seja por mil piastras."

Provérbio popular

"Aquele que diz que o leão é um asno, que vá colocar-lhe cabresto."

Provérbio popular

"Mais vale ser galo por um único dia do que galinha por um ano inteiro."

Provérbio curdo

"O orgulho nada acrescenta à grandeza; nada mais é do que ar em um odre."

Ibn al-Muqaffa

"Abu-Hâchem, o sufista – que seu pensamento secreto seja abençoado – disse: 'É mais fácil arrancar uma montanha de sua base com a ponta de uma agulha do que expulsar do coração a vilania do orgulho.'"

Djâmi

"Quando montas um cavalo, pensa em teu Deus. Quando desces do cavalo, não te esqueças do cavalo."

Djâmi

"Todo homem orgulhoso é suscetível, e todo homem suscetível é um tolo."

Midrash Rabba sobre o *Eclesiastes*, XI, X

"Acreditas que és forte? Ordena então ao sono de visitar tuas pálpebras em uma noite de insônia."

Illyâ Abu Mâdi

"Não acredites ser um homem eloqüente porque os tolos te aplaudem."

Abu al-Hassan Kharaqânî

"Não grites 'opa' antes de saltar."

Provérbio popular

"Foge das honras, e a honra te acompanhará; cobiça a morte, e tua vida será prolongada para ti."

Abu Bakr

"Alguém pediu a um bei que lhe emprestasse um cavalo.

O bei respondeu:

– De bom grado! Pega meu cavalo branco.

– Ó não! – replicou o outro.

– Por que não? – perguntou o bei.

– Este cavalo é um animal estranho: marcha ao contrário, ou seja, quando anda, sua cauda o precede!

– E daí? Basta voltares a cauda dele em direção à tua casa!

Como o desejo é a cauda de teu ego, avanças andando para trás. Então, volta essa cauda em direção ao apetite do outro mundo. Volta então a cauda de teu ego nessa direção, e ele chegará à meta, mesmo que andando para trás! No entanto, é verdade que os cavalos obedientes são mais cômodos. Não recuam quando mandamos que avancem."

Djalâl al-din Rûmî, *Mesnevi*

"Perguntaram-lhe: 'Quando chegará a hora da ressurreição?' Ele respondeu: 'A pequena ressurreição acontecerá com a morte de todos; a grande ressurreição acontecerá com a minha morte.'"

Dito do Sul do Líbano

No fundo, quando eu dizia que a raiva também poderia ser uma das causas de minha arenga, não estava muito longe da verdade. O sábio não escreveu: "A raiva é muitas vezes a fúria do orgulho"?

Da raiva

"Jamais um furioso encontrou o caminho da aldeia."

Ommar Khayyam, *Rubaiyat*

"Aquele que tem por hábito a raiva e a violência não deve exercer a soberania, pois as funções de pastor não são cumpridas pelos lobos."

Saadi, *Debate sobre o amor*

"O Enviado de Deus disse: 'O homem enérgico não é aquele que usa a força, é apenas aquele que é senhor de si no momento da raiva.'"

Hadith

"Só se pode saber se um homem é realmente bom no momento de sua raiva, se um homem é valente no momento do combate e se um homem é fraterno no momento da necessidade."

As mil e uma noites

"Quem se entrega ao arrebatamento, perde seu comportamento."

Ditado popular

"Se não podes morder, de que te serve mostrar os dentes?"

Califa Al-Mu'tadi bi'llah

Entre os motivos possíveis de minha presença aqui, falei do orgulho e da raiva, mas também mencionei a paixão. A paixão é como um espelho de face dupla. De um lado, o sofri-

mento e a cegueira; do outro, a energia e a elevação. É porque a paixão pode ser ao mesmo tempo destrutiva e criadora; puro-sangue no qual nossos sonhos cavalgam e avançam; escorpião que nos traspassa o coração, aí derrama seu veneno e paralisa-nos. Minha esperança é que a paixão seja um puro-sangue em tua casa, meu amigo, meu irmão, minha irmã, pois só realmente as grandes paixões podem gerar as coisas importantes. Se não for esse o caso, desconfia! O sonho que gerares nascerá morto.

Da paixão

"Quando domina a paixão, o julgamento é anulado."

Califa Al-Mu'tadi bi'llah

"O amor é fogo, meu filho, e há o furacão."

Saadi, *Debate sobre o amor*

"As paixões são como os homens, existem as nobres e as outras."

Al-Jawahiri

"Aquele que ama com ardor acredita que seu amor possa ser escondido entre uma onda que corre e um clarão que brilha, ao passo que ambos provêm de seu amor?"

Al-Busiri

"Deus diz: sem a paixão, o mundo não sobreviveria. Nenhum homem construiria uma casa, plantaria uma árvore ou se casaria."

Ditado popular

"A paixão é um Deus que adoramos."

Ditado popular

"Entrar pela porta da paixão é fácil; sair é difícil."

Hadith

"As ações só valem por sua intenção."

Hadith

"Após o fogo, o que resta além da cinza?"

Ditado popular

E se menti o tempo todo? Se de fato não vim até aqui, diante desta mesquita, pela felicidade de comunicar, e sim pelo simples prazer de satisfazer meu orgulho, minha raiva e minha paixão nefasta, as três coisas juntas? Neste caso, tenho a esperança que saberás te mostrar indulgente, mas sobretudo tolerante. Até exijo isto! Porque a intolerância é um monstro que devasta a terra, que faz com que jamais nos contentemos com a liberdade para nós mesmos se não oprimimos ao mesmo tempo a liberdade do outro. Não espero o perdão de ti, somente o reconhecimento do que sou.

Aquele que é incapaz de tolerância deveria – se fosse honesto em seu juízo – começar por enfiar uma adaga no peito, já que ele próprio é imperfeito.

Da tolerância

"O sol transpõe as fronteiras sem que os soldados atirem nele; então por que isso é diferente com relação aos homens?"

Salim Jarban

"Pergunta qual é sua virtude, não perguntes qual a cor de sua pele."

Dhû'l-Nûn al-Masri

"Ora, os escribas e os fariseus trouxeram uma mulher surpreendida em adultério e, colocando-a no meio, disseram a Jesus: 'Mestre, esta mulher foi surpreendida em flagrante delito de adultério. Ora, pela Lei, Moisés prescreve a lapidação destas mulheres. E tu, o que achas?' Diziam isto para colocá-lo à prova, a fim de ter material para acusá-lo. Jesus, porém, abaixando-se, começou a escrever no chão com o dedo. Como insistissem em interrogá-lo, ele endireitou-se e disse-lhes: 'Que aquele dentre vós que jamais pecou jogue a primeira pedra!' E, abaixando-se de novo, escrevia no chão. Eles, porém, depois de ouvir aquilo, retiraram-se um a um, começando pelo mais velho; e deixaram Jesus sozinho com a mulher, que continuava no meio. Então, endireitando-se, Jesus disse-lhe: 'Mulher, onde estão eles? Ninguém te condenou?' Ela respondeu: 'Ninguém, Senhor.' Então Jesus disse: 'Eu tampouco te condeno. Vai e não peques mais.'"

Jesus, *Evangelho segundo São João*

"Avalia-se a grandeza do perdão pela gravidade do erro."

Provérbio curdo

"E jamais te esqueças de que só o ausente conhece sua desculpa."

Provérbio popular

"Quem passa os seres pelo crivo será passado pela peneira."

Provérbio popular

"Desculpa sempre teu irmão e não faças recair sobre ele o julgamento errado daquele que não compreende as situações desesperadoras."

Al-Qâsim al-Harîrî, *O livro dos demônios*

. XV .

A suprema elegância é o discernimento. É uma elegância que exige grande número de virtudes. Implica a coragem, a vontade de evitar a mentira, a arte de aplicar o comedimento a todas as coisas, mas também (por que se recusar esta faceirice?) a arte de encantar e portanto de se exprimir. Nem sempre é fácil exprimir sem rodeios o que de fato se pensa. Dizer a verdade é útil para aquele ao qual ela é dita, mas desvantajoso para aqueles que a dizem, porque acabam sendo detestados. Resta que a satisfação de ser fiel a si mesmo consola muito de todas as feridas provocadas pela rejeição que se despertou dizendo a verdade.

Mentir. Talvez até eu mesmo tenha mentido para ti no preâmbulo, quando te confiei que, perseguido pela vingança de Alá, a solidão era meu quinhão. Neste caso, foi uma mentira piedosa, porque permitiu que teu olhar se enternecesse diante de meu destino e que teus ouvidos ficassem atentos às minhas recomendações. Na verdade, não acredito ter mentido. Só exagerei um pouco. Porém, ao confessar isto, estarei mentindo ou falando a verdade? Cabe a ti decidir o que é o quê... na verdade.

Da mentira e da verdade

"Mentir é o modo de agir dos fracos."

Firdusi, *O livro dos reis*

"Quem jura com freqüência mente com freqüência."

Ditado sírio-libanês

"Mais vale a verdade que incomoda do que a mentira que concilia."

Provérbio popular

"Aquele que come em duas mesas se sufoca."

Provérbio popular

"O hipócrita caracteriza-se por três sinais: mente quando fala, não cumpre sua promessa, trai quando se confia nele."

Hadith

Da arte de se exprimir

"A arte de se exprimir consiste em agradar à elite e ser acessível ao maior número possível de gente."

Vizir Abdel Hamid Ibn Yahia

Eis que os primeiros clarões da aurora começam a subir no horizonte. As cúpulas e os minaretes cobrem-se de um rosa pálido. As casas de tijolo e terra batida delineiam-se com mais nitidez. A sombra da lua esfuma-se. O sol logo iluminará com seu esplendor a Cidade Redonda.

É hora de voltares para casa, meu amigo, meu irmão, minha irmã. É hora de eu recomeçar minha viagem. Ignoro para onde o destino conduzirá meus passos. Amanhã até Mossul. Em uma semana, Kufa. Daqui a um mês, Chiraz. Como saber? Pode ser também que o Altíssimo, comovido com meus esforços, acabe com minha errância. Como saber?

Se os viajantes com os quais casualmente cruzares aqui e ali ainda te falarem de mim, é porque a maldição continua me perseguindo. Em compensação, se nunca mais ninguém, em tempo algum, evocar meu nome, isto significará que por fim minha alma encontrou a serenidade.

No entanto, antes de nos separarmos, gostaria de te confiar minhas últimas recomendações. Conserva-as em teu coração, cálidas. Resumem por si só tudo o que precedeu.

Que a paz esteja contigo e com os teus.

"Contenta-te com a vida mais humilde e, por tê-la recebido, apresenta os agradecimentos de alguém para quem o pouco é ainda muito.

Afasta-te da avareza que não deixa de diminuir o valor daquele que gradualmente se aproxima dela.

Defende tua boa reputação e conserva-a assim, como o leão defende os pêlos de sua juba.

Sê paciente, como os homens decididos, diante dos golpes da pobreza que podem recair sobre ti e nada digas.

Não deixes que o rubor te suba ao rosto porque mendigas, mesmo que aquele ao qual pedes te conceda todos os seus bens.

O homem livre é aquele que tem consciência do cisco que entrou em seu olho e o esconde sob a pálpebra, exatamente na origem de seu olhar.

Aquele que vê seus trajes luxuosos se transformarem em farrapos não aceita que suas faces percam o frescor de tanto mendigar.

Quando o destino te atingir, ou a fome, não permaneças rijo como uma pedra para mostrares uma alma altiva e resignada.

Com teus olhos verifica se uma terra árida se assemelha a uma terra salpicada de árvores.

Desdenha o que as pessoas estúpidas te mostrarem. Que crédito dar à árvore que não dá fruto algum?

Afasta tua montaria do local onde foste atormentado pela sede e vai ao lugar onde a chuva cai o tempo todo.

Não chores pelos amigos que se afastaram, nem pela casa que abandonaste; modifica-te como o século se modifica.

Considera as pessoas como vierem um local de habitação, e a terra inteira como uma única casa.

Suporta com paciência os defeitos de quem freqüentas e trata-o com amabilidade, porque o verdadeiro sábio é aquele que é amável com os outros.

Não percas uma única oportunidade de ser feliz, pois não sabes se sobreviverás mais um dia ou mais um ano."

Al-Qâsim al-Harîrî, *O livro dos demônios*

"O silêncio é a fortaleza da sabedoria. É por isso que não se responderá com precipitação e não se utilizarão frases demasiadamente longas.

Não se deverá nem adular, nem bajular com suas palavras. Não se dirá uma coisa pensando em outra, mas a pessoa deverá ser sincera, e suas palavras deverão estar em conformidade com seus pensamentos. Não se ludibriarão as pessoas, mesmo que se trate de estranhos.

Não se deverá ser zombeteiro nem jocoso, nem tampouco uma pessoa triste e aflita, mas um homem alegre.

Segundo um dito dos sábios, 'a zombaria e a leviandade conduzem o homem à libertinagem'. Eis por que prescreveram que ninguém se abandonasse irresistivelmente à jovialidade, nem fosse triste ou sombrio à vontade, mas revelasse uma cara agradável a todos.

A mesma preocupação com o equilíbrio impedirá que se seja cúpido e que haja uma precipitação furiosa à procura das riquezas, mas também proibirá o abandono à preguiça e ao ócio. Deve-se demonstrar desinteresse e contentamento com os poucos bens materiais que vos foram destinados.

Ninguém deverá revelar-se briguento, nem invejoso, nem concupiscente, nem ávido de honrarias, pois, como disseram os sábios: 'A inveja, a volúpia e a ambição abreviam a vida do homem.' Para falar em termos gerais, deve-se manter a medida média que cada atitude moral comporta de maneira que se coloquem todas no meio-termo. E é isso que Salomão quer dizer quando declara: 'Equilibra o caminho de teus pés, e todos teus caminhos se tornarão bons.'"

Moisés Maimônides, *O guia dos perplexos*

"Se um de vós vir um mal, que intervenha para transformá-lo; se não puder intervir para transformá-lo, que o condene com a palavra; se tampouco puder condená-lo com a palavra, que pelo menos o desaprove em seu coração."

Hadith

"Seja qual for tua miséria, continua a possuir este bem precioso, defende-o, mesmo que isto possa te conduzir ao cadafalso. O nome deste bem é dignidade humana."

Abd Al-Malek Nuri, *O canto da terra*

Concluído na lua nova de rajab, o único, no ano de 1399 (1999 d.C.).

O louvor é a Deus, Senhor dos Mundos.

. Biografia dos principais autores citados .

Abdel al-Kader Ibn Muhyi al-din Hassan

Emir árabe (próximo de Mascara, 1808 – Damasco 1883). Liderou de 1832 a 1847 a resistência à conquista da Argélia pela França, que reconheceu por um tempo sua autoridade sobre parte do país. Após a tomada de sua *smala* (campo do emir) pelo duque de Aumale (1843) e a derrota de seus aliados marroquinos junto ao rio Isly (1844), teve de se entregar em 1847 ao general Lamoricière. Preso na França até 1852, retirou-se depois para Damasco.

Abu al-Hassan Kharaqânî

960-1033. Foi um dos primeiros grandes sufistas de origem iraniana sobre o qual dispomos de um *corpus* literário. Ele próprio diz jamais ter tido mestre ou discípulo, mas herdou a direção espiritual de Abu'l-Abbâs Qassâb Amulî, "o carniceiro" de Amul. Kharaqâni foi reconhecido unanimemente como o Mestre supremo de seu tempo. Além do sultão Mahmud, muitos foram os pesquisadores da verdade que o visitaram.

Sarî Saqati Abu al-Hassan

O primeiro pregador de Bagdá das verdades místicas do sufismo. Ocupou um posto eminente entre os sufistas da Cidade Redonda e morreu em 867 aos 98 anos.

Abu al-Qasim al-Tamimi

Século X. Poeta-vagabundo, ganhava sua vida insultando o próximo – e transformando esse talento em dinheiro. Grande era sua arte, alimentada por uma erudição e por uma memória prodigiosas. Receosos de seus ataques em plena rua, os burgueses de Bagdá convidavam-no às suas casas – pagando-lhe muitas moedas de ouro – quando de banquetes de um gênero especial, nos quais o ardiloso poeta, convenientemente saciado de bebidas, tinha como missão tratar mal seu anfitrião e os comensais que ele tinha reunido, o que não o impedia de alfinetar de passagem os ausentes, o poder e, de maneira geral, o grande número de hipócritas e convencionalistas.

Abu Ali Shaqik Balkhi

Sufista de grande erudição, foi morto em combate durante uma guerra santa em 810.

Abu Hafs Haddad

Nascido em Nishapur, ferreiro de ofício, relacionou-se com outros místicos da escola de Bagdá. Célebre por sua devoção, morreu em Nishapur por volta de 879.

Abu Nawas

"O homem de longos cabelos cacheados." Nasceu por volta de 757 no Cuzistão (Sudoeste do atual Irã), morreu em Bagdá por volta de 815. É um dos maiores poetas árabes. "Tão grande é seu talento", dizia o historiador al-Masu'di, "que teria, por assim dizer, fechado as portas da poesia se seu campo fosse menos vasto, se seu terreno tivesse limites e se fosse possível chegar às suas fronteiras."

Al-Farabi

Abu Nasr Mohammed, conhecido como Al-Farabi porque nasceu perto de Farab, no Turquestão, Ásia central, por volta de 860-870, é um dos principais filósofos do islamismo. Não se conhece praticamente nada de sua vida, a não ser que transcorreu em Bagdá desde sua juventude, onde permaneceu até a morte em Damasco, em 950, após uma temporada na corte do príncipe de Alepo.

Em Bagdá, estudou teologia e filosofia com o mestre Haylan, um cristão nestoriano (o nestorianismo distingue duas naturezas em Jesus Cristo, a humana, de carne e osso, de nascimento humano, e uma essência divina distinta), cujas doutrinas foram muito difundidas na Pérsia da época. Estudou igualmente direito, física, matemática e o pensamento grego do qual se tornou ardente defensor.

Sua vida foi a dos doutos letrados, protegidos pelos soberanos reinantes, mas sofreu ao mesmo tempo os acasos políticos e as rivalidades que, em terra de islamismo, misturam intimamente as questões políticas e religiosas, principalmente entre sunitas e xiitas.

Farabi produziu igualmente uma obra política importante que se baseia também na concepção platônica da Cidade e da felicidade e tenta dar uma resposta à questão do papel dos soberanos, dos chefes, dos califas e dos imãs, fonte dos principais conflitos civis e religiosos de seu tempo. Se, mais tarde, Avicena, Averróis, Al-Ghazali e os filósofos muçulmanos da Espanha conquistaram mais renome no Ocidente, Al-Farabi foi, se não seu mestre, pelo menos um dos elementos essenciais de sua reflexão e o primeiro a propor uma síntese dos pensamentos grego e muçulmano.

Al-Ghazali

Nasceu na Pérsia, em Tus, em 1058. Morreu em 1111. Foi um dos teólogos mais importantes do islamismo, ao mesmo tempo que eminente representante do sufismo.

Após estudos em Nishapur, onde recebeu uma educação sunita tradicional, estudou religião, ciências e sobretudo direito canônico, do qual se tornou especialista. Ao longo de toda a sua vida, atraiu grande número de discípulos, mas igualmente detratores ferozes, pois não temia nem a crítica nem a polêmica.

Presa da dúvida, refugiou-se na religião e entrou para uma ordem sufista. Viajou para Damasco, Jerusalém, Medina, Meca, onde operou uma volta às origens, consagrando-se à meditação, descobrindo em parte o êxtase místico.

Ali Ibn Abu Taleb

Foi o genro e o primo do Profeta. Nasceu em Meca por volta de 600, morreu em janeiro de 661 em Kufa. Foi um dos primeiros discípulos. Após o assassinato de Osman Ibn Affan, o terceiro califa, foi reconhecido como califa pelos muçulmanos de Medina. Dois muçulmanos de Meca, porém, Talha e Zubayr, juntamente com Aisha, filha de Abu Bakr e mulher favorita do Profeta, ergueram um exército para se opor à nomeação de Ali. Este triunfou sobre eles em 656 (batalha do camelo), mas o governador da Síria tampouco reconheceu o novo califa. Ali perdeu o califado e, em janeiro de 661, foi assassinado.

Após sua morte, os xiitas outorgaram-lhe um poder semidivino transmitido pelo próprio Maomé.

Al-Mutannabi

Ahmad Abu al-Taieb. Poeta árabe nascido em Kufa em 915 e que morreu em 965 em Bagdá. Em sua juventude teria se passado por profeta, daí seu apelido Mutannabi (aquele que pretende a profecia). Fez carreira de panegirista profissional junto a muitos soberanos. Tratando de uma nova maneira os antigo gêneros literários, Al-Mutannabi transformou a narrativa clássica, abreviando o prólogo amoroso. Viveu em Chiraz, no Irã, sob a proteção do emir Adud ad-Dawlah até 965. De volta ao Iraque, foi assassinado perto de Bagdá por ladrões.

Al-Qâsim al-Harîrî

Nasceu perto de Basra por volta de 1054; é considerado um dos maiores escritores iraquianos e do mundo árabe. *O livro dos demônios* foi um dos sucessos mais importantes da Idade Média árabe e era encontrado na biblioteca de todos os príncipes e vizires da época, que não evitavam nele inspirar-se.

Attar

Farid al-din Mohammed, dito al-Attar (o droguista). Nasceu por volta de 1120 na província de Khorasan, ao norte do Irã. Morreu em 1190 em Nishapur.

Poeta, é autor de uma obra épica de grande riqueza estética, redigida em uma linguagem admirável, de grande alcance espiritual, religioso e iniciático.

Recebeu, dizem, em sua juventude, a iniciação de um anjo que lhe prescreveu propagar entre o povo e os humildes os ensinamentos dos sábios e dos santos.

Averróis

Abu al-Wahid Mohammed Ibn Ruchd. Nasceu em Córdoba em 1126, morreu em Marrakech em 1198.

Com Avicena e al-Farabi, é um dos filósofos mais importantes do islamismo. Deveria seguir a carreira de jurisconsulto, de juiz, como seu pai e seu avô; fez estudos religiosos clássicos, que mesclavam a filosofia, a teologia e o direito. Formou-se igualmente em medicina, profissão que exerceu junto ao califa Yussuf.

Interessou-se também por astronomia e redigiu um comentário sobre o *Tratado do céu* de Aristóteles, em que afirma que a Terra é uma esfera.

Foi nomeado juiz em Sevilha, depois em Córdoba.

Mas logo, sob pressão dos religiosos ortodoxos, a atividade "filosófica" de Averróis foi questionada. O califa Mansur não hesitou em prendê-lo e depois em exilá-lo no Marrocos.

Averróis tentou a vida inteira reconciliar a lei corânica e o exercício intelectual.

Avicena

Ali Ibn Sina. Filósofo e médico persa. Nasceu em 980 na região de Bukhara, onde bem depressa se destacou pela grande inteligência e pela facilidade nos estudos, que o fizeram assimilar desde a adolescência a quase totalidade das obras científicas disponíveis, da física à matemática, depois à medicina, da filosofia à religião.

Orientou-se para a medicina e logo foi apelidado de "Cheikh el-rais", o mestre dos médicos. Sua vida foi tumultuada, participou da vida política, foi nomeado vizir, o que fez com que experimentasse a prisão, depois a fuga. Suas obras de medicina nas quais descreve com minúcia os sintomas das doenças com que deparou e os meios de curá-las impuseram-se, e sua influência será considerável muitos séculos após sua morte.

Sua obra filosófica coloca-o entre os quatro ou cinco grandes filósofos do islamismo.

Além de seu célebre *Cânon da medicina,* verdadeira enciclopédia médica, a obra de Avicena é também a de um metafísico, ciência que colocou acima das outras.

Bachâr Ibn Burd

Cego e feio, mesmo assim teve um grande número de aventuras amorosas. Era de origem persa. Só conhecemos a data de sua morte: 783. Vituperando o tempo todo contra os árabes, não temendo o escândalo, por muito tempo sua única defesa foi a arte. Cansado das extravagâncias do poeta, o califa al-Mahdi abandonou-o à vingança de seu ministro Ibn Daud, que Bachâr jamais deixou de atacar. Foi executado, e seu corpo lançado no Tigre.

Buzurdjmihr

Teria sido vizir do rei da Pérsia sassânida Anochirwân, o Justo. Bem jovem, foi apresentado ao rei, a quem explicou um sonho. Era astrônomo e médico, muito eloqüente, entendia de negócios e era, além disso, muito belo. O rei tornou-o seu principal conselheiro; Masudi e Firdusi conservaram um bom número de frases que lhe são atribuídas. Quando apresentaram o jogo de xadrez, inventado na Índia, a Nuchirwân, Buzurdjmihr, após um breve exame do tabuleiro, adivinhou quais deveriam ser suas regras. Em seguida, inventou, por sua vez, o jogo de gamão, que enviou aos indianos. Um acidente infeliz fez com que perdesse a confiança do soberano. Foi jogado na prisão, onde sofreu muito. Um destino que permite atribuir-lhe algumas belas frases. Um dia, tiraram-no de sua cela porque precisavam dele para resolver um enigma: tratava-se de saber o que havia em uma caixinha fechada. Ele deu a resposta correta e recuperou os privilégios na corte. Segundo Masudi, pereceu vítima de um acesso de raiva de Kesra Eperwiz, o segundo sucessor de Anochirwân.

Xeque Abu'l-Abbâs Qassâb Amulî

Morreu por volta de 1020 em Amul (hoje Tchardjou no Turcomenistão). Filósofo sufista, influenciou o pensamento de Kharaqânî, que passou cerca de dois anos junto àquele que era apelidado de "Carniceiro de Amul". O xeque tinha um local de retiro dentro da comunidade sufista da província que – segundo algumas testemunhas – parecia uma clausura. Ali ele viveu quarenta anos, recolhido no meio dos homens.

Dhû'l-Nûn al-Masri

Nasceu em Akhmim, no Alto Egito, por volta de 796. Estudou sufismo com diversos mestres e fez longas viagens. Detido por heresia em 829, em Bagdá, foi solto e voltou ao Cairo, onde morreu em 861. Seu mausoléu é reverenciado na cidade. Tornou-se uma figura lendária, tido como alquimista e taumaturgo.

Djalâl al-din Rûmî

Também apelidado de *Mawlanna*, que significa *mestre* ou *senhor*, Rûmî é considerado o maior poeta místico da língua persa e um dos maiores gênios da literatura espiritual universal. Nascido em 30 de setembro de 1207 em Balkh, no Khorasan (hoje Afeganistão), viveu a maior parte de sua vida na Turquia após vagar muitos anos com sua família, que fugiu dos massacres de Gengis Khan. Seu pai, teólogo e professor, garantiu ao filho uma educação de erudito. Por toda a sua vida, Rûmî foi obsedado pelo desejo de encontrar o caminho que resultaria na fusão da alma em Deus. Iniciou-se nas práticas do sufismo, na meditação até o êxtase.

Sua vida desequilibra-se quando, em 30 de novembro de 1244, ele encontra em Konya um dervixe errante, originário de Tabriz, o monge sufista Shams al-din. Completamente apaixonado pelo personagem, Rûmî abandona tudo, família, filhos, sua função, sua casa, para trabalhar ao lado daquele que se tornou seu iniciador, seu mestre.

A aventura passional de Djalâl al-din Rûmî e de Shams provocou escândalo, e foi necessário o assassinato de Shams para que Rûmî voltasse a ser ele mesmo e praticasse as experiências e os ensinamentos que assimilara criando a confraria sufista dos dervixes dançarinos. Ainda hoje existem adeptos desta disciplina codificada por Rûmî, na qual a música e a dança são o meio de chegar a transes extáticos.

Sua principal obra continua sendo o *Mesnevi*, coletânea de cerca de 50 mil versos. Sua filosofia, sua moral, sua doutrina mística estão neles. Henry Corbin fala da obra como o "Corão persa".

Rûmî morreu em 17 de dezembro de 1273 em Konya, onde seu túmulo é objeto de grande veneração.

Djâmi

Nascido em Djam, no Khorasan, em 1414, estudou teologia em Herat e em Samar e afiliou-se à confraria dos sufistas de Nashquabandis, da qual se tornou o superior. Morreu em 1492, deixando inúmeras obras em persa e árabe; algumas em prosa, outras em verso, assim como uma coletânea de anedotas em prosa misturada com versos: o *Beharestân*, traduzido para o francês por Henri Massé, Geuthner Ed., Paris, 1925. É um dos mestres da literatura persa.

Firdusi

Abu al-Qasem al-Mansur Ibn Hassan. Teria nascido por volta de 935, perto de Tus, no Irã. Imortalizado por ter concebido o *Shah-Nameh*, o *Livro dos reis*, que está entre as grandes epopéias da literatura universal assim como a *Odisséia*, a *Ilíada* ou o *Inferno* de Dante. A obra monumental (35 anos de escrita e mais de 70 mil versos) foi dedicada ao sultão Mahmud, o Ghaznawide. Ao longo das páginas, o autor narra a história do antigo Irã dos tempos míticos até a queda de Khosro II (690-628) e a invasão árabe.

Gibran Khalil Gibran

Nasceu em 6 de janeiro de 1833 em Bcharri, pequena cidade no Norte do Líbano. As dificuldades materiais que sua família teve de enfrentar levaram sua mãe Kamila Rahma a emigrar para os Estados Unidos, enquanto seu pai, diante das preocupações com o fisco, permaneceu no Líbano para gerir o patrimônio. Depois de quatro anos em Boston, Gibran voltou a Beirute e continuou seus estudos no Colégio da Sabedoria. De volta a Boston, conheceu o célebre fotógrafo Fred-Holland Day, para o qual posou como modelo. Esboçava desenhos a lápis e sentiu nascer a vocação de pintor. Seu encontro com Mary Haskel em 1904 salvou-o e transformou sua vida. Mary era dez anos mais velha do que ele; era rica e generosa. Quando notou que Gibran era talentoso, estimulou-o a aceitar seu dinheiro para estudar arte em Paris. Durante 28 meses, Gibran pintou, freqüentando os meios artísticos e literários da capital francesa.

Em novembro de 1911, Gibran instalou-se em Nova York e escreveu suas principais obras em árabe, obras de um estilo novo e que exaltavam um espírito de revolta. Tornou-se famoso no Oriente e igualmente célebre nos meios libaneses e sírios nos Estados Unidos e em toda a América do Sul, onde haviam se estabelecido importantes colônias de imigrantes. Só em 1918 publicou *The Madman, O louco,* sua primeira obra escrita em inglês com a ajuda e o apoio contínuo de Mary Haskel, tradutora e conselheira. Em 1923, publicou *O profeta,* com o qual se tornou mundialmente célebre.

Hafiz

Mohammed Shams al-din Hafiz (c. 1325-c. 1390). Sem dúvida, o maior poeta lírico persa. Jamais deixou sua cidade natal (Chiraz), apesar das solicitações da maioria dos príncipes da região. Após brilhantes estudos de teologia e de literatura árabe, lecionou essas matérias, assim como a exegese corânica (daí seu nome literário de Hafiz, "aquele que conhece o Corão de cor").

Aperfeiçoou o *ghazal* (poemas de amor), unindo a expressão e o pensamento por um equilíbrio douto entre o ritmo musical e a profusão de imagens.

Hallaj

Poeta e filósofo persa, Hallaj é sem dúvida um dos místicos mais célebres de todos os tempos para o mundo islâmico, ainda que seja quase totalmente desconhecido no Ocidente. Nascido em Tur (Irã) em 857, recebeu uma educação corânica em língua árabe, tendo seus pais se instalado no Iraque. Desde a adolescência foi extremamente devoto e passou por episódios de êxtase que provocaram a admiração e o medo. Aos vinte anos, entrou para uma comunidade sufista em Bassora e tornou-se monge, consagrando – embora isso não o impedisse de se casar e ter filhos – sua vida a Deus, à meditação e à prece. Poemas e orações pontuaram seu itinerário espiritual.

Sempre trajado de negro para dar o exemplo do despojamento, da ascese e do rigor moral, empreendeu sua primeira peregrinação a Meca. Sua presença perto da caaba exacerbou mais ainda seu misticismo e sua intransigência. Durante um ano inteiro, dizem que permaneceu sentado no átrio do lugar santo em jejum e orando, espécie de crítica viva – ou de modelo – aos crentes cuja devoção estima ser superficial ou insuficiente.

Pregou, reuniu fiéis no decorrer de périplos que o levaram até Khorasan, até a Índia e até o Turquestão.

Mas sua exaltação, os sacrifícios que se infligiu, essa loucura de Deus que o habitou assinalaram-no para a vingança das autoridades religiosas. Assim que voltou a Bagdá, os xiitas acusaram-no de feitiçaria, os sufistas o rejeitaram, ele que ousou abandonar sua confraria.

Foi aprisionado e condenado à morte. Escapou uma primeira vez à sentença graças a adeptos influentes, porém, alguns meses depois, julgado louco e herege, mas decerto popular demais, foi decapitado em 922 em Bagdá.

Ibn al-Muqaffa

Escritor iraniano, nasceu em 720, morreu em 756. Viveu no período abássida. Deve-se a ele a tradução do sânscrito para o árabe das "Fábulas de Bidpai", sob o título de *Kalilah wa Dimnah*. Estas fábulas alimentaram enormemente a literatura islâmica de muitos provérbios, contos e parábolas. Também introduziu crônicas alegóricas persas: *Khwatay Namak*, ou *Livro dos reis*, fonte da mitologia pré-islâmica. Ibn al-Muqaffa é considerado o precursor do estilo "protocolar", mais tarde retomado pelos secretários das chancelarias. Deve-se a ele também a tradução de um tratado sobre a arte de governar (*adab*), no qual são desenvolvidas as regras da etiqueta em vigor na corte.

Ibn Arabi

Abu Bakr Mohammed Muhyi-al-din, filósofo, teólogo e poeta místico, nascido em Múrcia, na Espanha, em 1165, falecido em 1240 em Damasco.

Recebeu uma educação corânica tradicional e manifestou bem depressa uma vocação mística que o conduzirá a consagrar-se inteiramente a Deus por meio do sufismo, do qual se tornará uma figura preponderante.

A influência do sufismo sobre a teologia muçulmana se tornará ainda mais importante graças aos trabalhos de Ibn Arabi, que teria redigido mais de 150 obras. Somente cerca de dez delas chegaram até nós.

Aos sessenta anos de idade, instalou-se em Damasco, onde redigiu a parte essencial da obra conservada. Suas teorias, sua visão de Deus e do mundo marcaram o islamismo e orientaram não apenas a mística sufista, mas toda a filosofia muçulmana.

Ibn Hazm

Nasceu em 994 em Córdoba, de um pai ministro de al-Mansur. Dedicou sua curta carreira política aos omíadas. Foi também o efêmero vizir de um dos últimos califas de Córdoba, logo deposto pela guerra civil. Foi provavelmente após esta derrota que se consagrou a escrever *O colar da pomba* (sobre o amor e os amantes).

Morreu sozinho em 1064, deixando – segundo seus contemporâneos – uma obra imensa de teólogo, de historiador.

Ibn Khaldun

Nascido em Túnis em 1332, sob a dinastia dos haféssidas, sua família de eruditos originários da Arábia destina-o à carreira política e administrativa. Após estudos quase enciclopédicos, ocupará vários cargos junto aos sultões na época conturbada em que as famílias haféssidas e merínidas disputam o poder no Magreb.

Ibn Khaldun tenta manter-se em seu posto, e, para ele, alternam-se períodos de privilégio e de desgraças: chegará a ficar preso durante dois anos em seu pior período. Obrigado a abandonar a Tunísia, continua, contudo, a ser importante na órbita política: tornamos a encontrá-lo encarregado de uma missão diplomática na Espanha e depois na Argélia, onde se estabelece por um tempo, protegido das lutas de influência, e inicia sua obra de escritor.

Mais tarde, é no Egito – é então juiz e doutor em direito – que continua a exercer seu talento de diplomata.

Entre outras coisas, é encarregado das negociações com Tamerlan, cujos exércitos haviam devastado Damasco. Ibn Khaldun gozou de grande consideração. É nessa parte de sua vida que se consagra ao estudo do sufismo, do qual se tornará professor e alto dignitário. Morre no Cairo em 1406.

Ibn Khaldun deixa uma *História universal* em três volumes, cuja introdução propõe uma verdadeira filosofia da história e uma *Autobiografia.*

Khayyam

Omar Ibn Ibrahim al-Khayyam (1050-1123). Originário do Khorasan. Autor dos *Rubaiyat – quadras –*, é ao mesmo tempo um dos poetas persas mais célebres e um erudito, autor de uma obra sobre álgebra que chegou até nós.

Graças a seu gênio e a seu conhecimento de astronomia, de matemática, de física e de filosofia, tornou-se um destes personagens de que os príncipes gostavam de se cercar. Foi encarregado – entre outros –, por Malek Shah, da reforma do calendário persa.

Mahmud Shabestari

Nasceu perto de Tabriz, no Irã, em data desconhecida. Morreu em 1320. Sufista eminente que conquistou um vasto público. Autor de tratados místicos.

Moisés Maimônides

Em hebraico, Moshe ben Maimon; em árabe Abu Imran Mussa Ibn Maimun, nascido em Córdoba em 30 de março de 1135, falecido no Cairo em 13 de dezembro de 1204. Incontestavelmente o maior filósofo judeu da Idade Média. Também foi astrônomo, matemático e médico. A conquista de Córdoba pelos almôadas em 1148 obrigou a família Maimônides a abandonar a Península Ibérica. Depois de vagar por algum tempo, de uma escala em Fez e na Palestina, ela estabeleceu-se em Fostat, perto do Cairo, no Egito, onde Maimônides tornou-se o médico particular do sultão aiúbida, Salah al-din (Saladino).

A contribuição do filósofo para o desenvolvimento do judaísmo lhe valeu o apelido de "Segundo Moisés". Sua obra enciclopédica, redigida em hebraico ou em árabe, comporta três obras principais: *O luminar*, comentário monumental da *Mishna*[1] (1168), que contém principalmente os Treze Artigos que se tornaram mais tarde parte integrante da liturgia da sinagoga; *Mishne Torah* (1180), tratado de filosofia religiosa inspirado em Aristóteles; *O guia dos perplexos* (ou "dos indecisos"), escrito em árabe (1190) para os intelectuais cujas especulações provocam conflito com a fé.

1. Compilação de comentários rabínicos sobre a Torá. Deram-lhe o nome de "lei oral" considerando-a como parte da revelação mosaica ao lado da "lei escrita" que é a Torá.

O *Guia* exerceu uma influência preponderante durante quase cinco séculos e influenciou muito os pensadores cristãos da Idade Média, como Santo Tomás de Aquino ou Alberto Magno.

Muhammad Akbaradbâdî

Escreveu por volta de 1635 uma obra intitulada *Mukhir al-wâsilin*. Fala dos profetas e de muitos sufistas, desde o início do islamismo até o ano que precede a sua morte.

Saadi

Nasceu em Chiraz por volta de 1213; era filho de um funcionário a serviço do príncipe da província de Fars.

Após o período dos estudos, começou o período das viagens. Aprisionado pelos cruzados, foi vendido como escravo. Mas teve sorte. O comprador era um mercador rico de Alepo que, em vez de torná-lo seu criado, ofereceu-lhe sua filha em casamento. No entanto, esta condição pesou-lhe e ele continuou suas viagens. Outras aventuras aguardavam-no até a sua fuga para a Índia, depois para o Iêmen. Há um grande número de narrativas anedóticas no *Bustan* [O pomar], coletânea poética autobiográfica de quase 8 mil versos. O *Golestan* [O roseiral], outra coletânea importante, foi a primeira obra de poesia iraniana a ser introduzida na França no século XVII.

A vida de Saadi terminou em sua cidade natal, onde morreu, como poeta oficial realizado, por volta de 1292.

Sidi Abu Madyân

Falecido na Andaluzia em 1197, estudou em Fez e no Oriente, viveu principalmente na Argélia e foi enterrado perto da cidade de Tlemcen, da qual é o santo. Foi o principal introdutor do sufismo no Magreb e decerto o santo mais célebre da Argélia. Recitam-se com freqüência seus poemas, e suas máximas ainda são comentadas hoje em dia.

Sohravardi

Shihabbodin Yahya, conhecido como Sohravardi, filósofo iraniano, nascido em Shoravard em 1155, falecido em Alepo em 1191.

É considerado fundador de um sistema de pensamento especificamente oriental e autônomo, que mescla sabedoria e mística, metafísica e teosofia.

Após estudos clássicos de teologia e filosofia, passa algum tempo em Isfahan, onde estuda Avicena e seus comentários de Aristóteles, depois vai a Bagdá.

Inicia-se no sufismo e interessa-se pelas práticas esotéricas e pelo ocultismo. Começa a entrever sua obra: remanejamento da história da filosofia desde a Grécia antiga até a Pérsia do século XII.

Volta a Alepo, onde suas idéias escandalizam: é acusado de desvio do Corão e de infidelidade ao islamismo. Os doutores da lei pedem sua cabeça ao califa. Morrerá na prisão aos 36 anos.

Sultân Valad

Nascido em 1226, falecido em 1318, filho primogênito e sucessor de Djalâl al-din Rûmî na direção da confraria dos *mawlavîs*, fundada por seu pai em Konya, na Anatólia. Foi ele seu verdadeiro organizador e quem contribuiu para a sua difusão por todo o império. Discípulo muito próximo de seu pai e mestre espiritual, Sultân Valad deixou-nos lembranças preciosas sobre ele, principalmente em seu *Valad-nâmé*. Certamente foi ele que organizou uma coletânea dos ensinamentos de Djalâl al-din Rûmî, que registrou no tratado *Fîhi – mâ-fîhî*, publicado com o nome de Rûmî, assim como seus *Ma'arif*, cuja tradução francesa de E. de Vitray-Meverovitch foi publicada sob o título de *Maître et disciple* [Mestre e discípulo].

Yunus Emré

É um dos primeiros grandes poetas turcos. Sua vida é pouco conhecida; teria vivido entre meados do século XIII e cerca de 1320. Pertencia a uma dessas confrarias populares de dervixes místicos muçulmanos que criaram os postos avançados da cultura turca e islâmica. Sua obra é composta de um longo poema didático (*Livro dos preceitos*) e sobretudo de seu *Diwân*. Traduzindo em uma forma admirável os problemas abstratos mais complexos e as emoções mais concretas, tocando tanto os mais cultos quanto os mais humildes, Yunus Emré sempre conservou uma imensa popularidade entre os camponeses turcos cuja sensibilidade e cuja alma profunda encarna.

Zamakhcharî, Abu Al-Qasim, Mahmud Ibn Omar az

Nascido em 8 de março de 1075 na região de Khwarezm (hoje dividida entre o Turcomenistão e o Usbequistão) ao longo do rio Amu-Darya, falecido em 14 de junho de 1144 em al-Jurjaniya. Gramático, teólogo, poeta e filósofo, sua obra-prima é um comentário do Corão em dois volumes: *Al-Kashshaf'an Haqa'iq al-Tanzil*. Teólogo, fez parte da escola dos mutazilitas. Como filólogo, considerava o árabe a rainha das línguas, embora sua língua natal fosse o persa. Seu comentário do Corão, concluído em 1134, só foi publicado em 1856, em Calcutá. Foi também autor de poemas, de uma coletânea importante de provérbios antigos e de grande número de apotegmas (frases memoráveis expressas de maneira concisa) sobre a moral e a retórica.

O sufismo

A origem do termo é a palavra "lã", *suf* em árabe, material com o qual eram tecidas as túnicas que os discípulos dessa "filosofia" usavam como sinal de humildade.

O movimento nasceu entre 661 e 750 da nossa era. Bagdá tornou-se seu centro por volta de meados do século IX. O sufismo não pode ser considerado uma seita, nem constitui uma doutrina. É essencialmente uma visão do mundo e uma maneira de viver que tendem a aproximar o homem de Deus, sua realização final sendo a união perfeita com Ele. Insensivelmente, diante do número crescente de seus adeptos, os sufistas viram-se obrigados a estabelecer regras e uma ordem altamente hierarquizada em suas confrarias (*tarikat*).

Percurso interior, cadeia iniciática (*silsila*) devem permitir que o homem (passando por intermediários devotos e veneráveis) se eleve até a figura que mais veneram, ou seja, até Ali (genro do Profeta), depois até Maomé, até o anjo Gabriel, chegando à fusão com o próprio Alá.

Entre os ritos ou rituais cujo objetivo é atingir um estado de consciência profundo e até de êxtase, encontra-se o *zikhr*, a prática mais importante e mais difundida nas confrarias, que consiste na repetição constante de orações enunciadas individual ou coletivamente, acompanhadas ou não de movimentos do corpo.

Esclareçamos que nenhuma categoria de pensadores islâmicos foi tão vigorosamente reprimida quanto os místicos e os esotéricos, entre eles os sufistas. Grande número de vítimas sofreu a perseguição popular, foi condenada à tortura, ao exílio ou à prisão. A raiva das autoridades religiosas ortodoxas foi sem dúvida provocada pela busca apaixonada do desconhecido à qual estes pensadores se entregavam, pela necessidade que sentiam de sair das trilhas habituais, pela tendência que tinham de ultrapassar os princípios religiosos considerados inflexíveis.

As mil e uma noites

Coletânea de contos anônimos, elaborada por gerações de contistas populares. *As mil e uma noites* foram reveladas ao Ocidente pela tradução francesa de Antoine Galland (1646-1715).

Cromosete
Gráfica e editora Ltda.

Impressão e acabamento
Rua Uhland, 307 - Vila Ema
03283-000 - São Paulo - SP
Tel/Fax: (011) 6104-1176
Email: adm@cromosete.com.br